# Luiz Santos

## Los Cuatro Caminos del Espíritu
## La Magia de los Elementos

**Título Original:** *Elemental Magic: The Hidden Realm of Fairies*

**Copyright © 2025**, publicado por Luiz Antonio dos Santos ME.

Este libro es una obra de no ficción que explora la magia de los elementos y su relación con el espíritu. A través de una perspectiva mística y profunda, el autor nos guía en un viaje de conexión con las fuerzas primordiales de la naturaleza y el autoconocimiento.

**1ª Edición**
**Equipo de Producción**
**Autor/ Editor:** Luiz Santos
**Portada:** Studios Booklas / Alejandro Monteverde
**Consultor:** Fernando Requena
**Investigadores:** Mariana Lira, Esteban Cardoso, Lucía Mendez
**Diagramación:** Rodrigo Esteves
**Traducción:** Javier Ordóñez

**Publicación e Identificación**
**Os Quatro Caminhos do Espírito - A Magia dos Elementos**
**Booklas, 2025**
**Categorías:** Espiritualidad / Magia y Ocultismo
**DDC:** 133.43 / **CDU:** 133.5

**Todos los derechos reservados a:**
**Luiz Antonio dos Santos ME / Booklas**
Ninguna parte de este libro puede ser reproducida, almacenada en un sistema de recuperación o transmitida por cualquier medio — electrónico, mecánico, fotocopia, grabación o cualquier otro— sin la autorización previa y expresa del titular de los derechos de autor.

# Contenido

Índice Sistemático .................................................................. 4
Prólogo ................................................................................... 10
Capítulo 1 Hadas ................................................................... 14
Capítulo 2 Energía Elemental ............................................... 24
Capítulo 3 Conexión Espiritual ............................................. 35
Capítulo 4 Preparación para los Rituales ............................. 47
Capítulo 5 Invocación de Hadas ........................................... 56
Capítulo 6 Ritual de Curación ............................................... 65
Capítulo 7 Ritual de Protección ............................................ 75
Capítulo 8 Ritual de Prosperidad .......................................... 85
Capítulo 9 Alineamiento con la Naturaleza .......................... 96
Capítulo 10 Trabajo Energético Avanzado ........................... 107
Capítulo 11 Compartiendo Sabiduría .................................... 113
Capítulo 12 Conciencia Energética ....................................... 125
Capítulo 13 Rituales de Renovación ..................................... 136
Capítulo 14 Ritual de Amor Propio ...................................... 146
Capítulo 15 Comunicación con la Naturaleza ....................... 155
Capítulo 16 Alineación con los Ciclos Naturales .................. 165
Capítulo 17 Prácticas para la Comunidad ............................. 176
Capítulo 18 Ritual de la Sabiduría Interior ........................... 186
Capítulo 19 Cuidando del Altar ............................................. 196
Capítulo 20 Protección Espiritual Avanzada ........................ 205
Capítulo 21 Autoconocimiento y Crecimiento ..................... 214

Capítulo 22 Prácticas de Manifestación ............................. 225
Capítulo 23 Curación Emocional Profunda ....................... 234
Capítulo 24 Trabajando con Elementales .......................... 241
Capítulo 25 Ritual de Purificación Profunda ..................... 250
Capítulo 26 Desarrollando la Intuición .............................. 258
Capítulo 27 Armonía en las Relaciones ............................. 266
Capítulo 28 Profundizando la Práctica ............................... 274
Capítulo 29 Ancestralidad y Hadas .................................... 283
Capítulo 30 Ritual de Autocuración ................................... 293
Capítulo 31 Consagración Final ......................................... 302

# Índice Sistemático

Capítulo 1: Hadas - Explora a natureza e os tipos de fadas, como se conectar com elas e aprofundar a compreensão de seus reinos.

Capítulo 2: Energia Elemental - Mergulha nas energias elementais de terra, água, fogo e ar, e como elas se conectam com as fadas e o mundo natural.

Capítulo 3: Conexão Espiritual - Aborda a construção de uma conexão espiritual com as fadas, utilizando meditação, introspecção e presença na natureza.

Capítulo 4: Preparação para os Rituais - Discute a importância da purificação, do estado de espírito e do uso de elementos naturais na preparação para rituais com fadas.

Capítulo 5: Invocação de Fadas - Explora o processo de invocar fadas para rituais, com foco na intenção, na escolha de palavras e na energia por trás da invocação.

Capítulo 6: Ritual de Cura - Detalha um ritual de cura com fadas, utilizando visualização, respiração e elementos naturais para restaurar o equilíbrio do corpo e da mente.

Capítulo 7: Ritual de Proteção - Ensina como criar um ritual de proteção com fadas, utilizando símbolos, visualização e conexão com os elementos para formar um escudo energético.

Capítulo 8: Ritual de Prosperidade - Descreve um ritual para atrair prosperidade com a ajuda das fadas, utilizando símbolos de abundância, visualização e afirmações.

Capítulo 9: Alinhamento com a Natureza - Explora como se alinhar com os ritmos da natureza para aprofundar a conexão com as fadas, incluindo práticas de presença, observação e meditação.

Capítulo 10: Trabalho Energético Avançado - Apresenta práticas avançadas de canalização de energia com as fadas, incluindo enraizamento elemental, percepção de energia e criação de círculos de energia.

Capítulo 11: Compartilhando Sabedoria - Discute como compartilhar a sabedoria das fadas com outras pessoas, com foco na criação de um espaço seguro e respeitoso para a conexão e aprendizagem.

Capítulo 12: Consciência Energética - Explora o desenvolvimento da consciência energética para se conectar com as energias sutis do mundo natural e do reino das fadas.

Capítulo 13: Rituais de Renovação - Detalha rituais para promover a renovação e revitalização com a ajuda das fadas, utilizando elementos naturais, visualização e afirmações.

Capítulo 14: Ritual de Amor Próprio - Ensina como realizar um ritual de amor próprio com a ajuda das fadas, utilizando visualização, afirmações e elementos naturais para cultivar a autocompaixão.

Capítulo 15: Comunicação com a Natureza - Explora a comunicação com a natureza como um meio de se conectar com as fadas, utilizando práticas de percepção elemental, escuta e observação.

Capítulo 16: Alinhamento com os Ciclos Naturais - Discute a importância de se alinhar com os ciclos da natureza, incluindo estações do ano e fases da lua, para aprofundar a conexão com as fadas e seus ritmos.

Capítulo 17: Práticas para a Comunidade - Explora práticas e rituais em grupo com as fadas, com foco em promover a harmonia, a cura e a conexão dentro da comunidade.

Capítulo 18: Ritual da Sabedoria Interior - Ensina como realizar um ritual para acessar a sabedoria interior com a ajuda das fadas, utilizando visualização, meditação e diário de sonhos.

Capítulo 19: Cuidando do Altar - Detalha como criar e cuidar de um altar para as fadas, incluindo a escolha do local, elementos e práticas para manter a energia do espaço.

Capítulo 20: Proteção Espiritual Avançada - Apresenta métodos avançados de proteção com as fadas, incluindo escudos de energia, invocação de guardiões e o uso de elementos da natureza.

Capítulo 21: Autoconhecimento e Crescimento - Explora o papel das fadas na jornada de autoconhecimento, utilizando práticas como reflexão, diário e meditação para aprofundar a conexão consigo mesmo.

Capítulo 22: Práticas de Manifestação - Ensina como usar a energia das fadas para a manifestação, com foco na clareza da intenção, visualização, afirmações e o uso de símbolos.

Capítulo 23: Cura Emocional Profunda - Aborda a cura emocional profunda com a ajuda das fadas, utilizando visualização, respiração e elementos naturais para liberar e transformar emoções.

Capítulo 24: Trabalhando com Elementais - Explora os elementais da terra, água, fogo e ar, como se conectar com eles e como eles se diferenciam das fadas.

Capítulo 25: Ritual de Purificação Profunda - Detalha um ritual de purificação profunda com as fadas, utilizando elementos naturais, visualização e afirmações para limpar e renovar a energia.

Capítulo 26: Desenvolvendo a Intuição - Discute o desenvolvimento da intuição com a ajuda das fadas, utilizando práticas como atenção plena, meditação e registro em diário para fortalecer a conexão com o mundo invisível.

Capítulo 27: Harmonia nas Relações - Explora como usar a energia das fadas para promover a harmonia nas relações, com foco em práticas de comunicação compassiva, empatia e resolução de conflitos.

Capítulo 28: Aprofundando a Prática - Aborda como aprofundar a prática espiritual com as fadas, incluindo meditação, diário, autoconhecimento e conexão com os ciclos naturais.

Capítulo 29: Ancestralidade e Fadas - Explora a conexão entre ancestralidade e fadas, utilizando práticas como meditação ancestral, contação de histórias e criação de um altar ancestral para honrar e se conectar com a linhagem familiar.

Capítulo 30: Ritual de Autocura - Ensina como realizar um ritual de autocura com a ajuda das fadas, utilizando visualização, afirmações e elementos naturais para promover a cura física e emocional.

Capítulo 31: Consagração Final - Detalha um ritual de consagração final, onde o praticante sela seu compromisso com a prática espiritual e o reino das fadas, utilizando um altar de intenção, elementos naturais e um gesto de gratidão.

# Prólogo

Las hadas no son solo criaturas de cuentos; son seres elementales que existen en armonía con la naturaleza. Poseen una sabiduría ancestral y pueden influir en nuestras vidas de maneras que apenas estamos comenzando a comprender.

Está a punto de adentrarse en un mundo raro, un tanto intangible, un universo que late en las fronteras de lo visible y lo oculto, donde lo ordinario se vuelve extraordinario. Este libro no es solo una lectura; es un pasaje, una llave que abre las puertas a una dimensión donde habitan las hadas, donde las fuerzas primordiales de la tierra, el agua, el fuego y el aire susurran secretos antiguos que resuenan en lo más profundo de su ser. Y esta invitación es solo para usted, como si cada línea, cada palabra, estuviera escrita para despertar algo dormido, pero esencial, dentro de usted.

Al principio, puede parecer que simplemente está pasando páginas, pero pronto se dará cuenta de que está abriendo portales. Este es un llamado único, un viaje ofrecido solo a aquellos que se atreven a mirar más allá de la superficie y preguntar qué existe realmente más allá de los límites de lo que consideramos "real". Este libro no tiene como objetivo explicar, sino revelar. Las hadas que danzan en sus páginas no son seres etéreos de cuentos de infancia, sino guardianas de una antigua armonía, una sabiduría que une lo humano a lo divino, lo espiritual a lo físico.

Imagínese junto a ellas, aprendiendo a escuchar la tierra, sintiendo el flujo de las aguas, la llama del fuego y volando con el aire. Las hadas son más que personajes; son fuerzas vivas, energías que impregnan la propia naturaleza, incorporando cada elemento en su forma más pura y transformadora. También son guardianas, observadoras silenciosas que, durante milenios, han mantenido el orden entre los reinos de la naturaleza. Al conectarse con ellas, usted también se sintoniza con este equilibrio, reevaluando su papel en la eterna danza de la vida y la renovación.

Cada capítulo le guiará más profundamente en este reino de misterio, donde verdades ocultas comienzan a emerger sutilmente, como una luz suave filtrándose a través de la niebla de la mañana. Al leer, déjese llevar por esta atmósfera, permitiéndose ir más allá de las palabras, sintiendo en cada frase la energía que estos seres portan. Perciba que, al desentrañar los misterios de las hadas, usted también está descubriendo partes ocultas de sí mismo. Al tocar la naturaleza, también tocará su esencia, una esencia inextricablemente ligada a este mismo mundo.

Las hadas de los elementos (tierra, agua, fuego y aire) reflejan las cualidades profundas que residen en usted. Las hadas de la tierra, con su energía silenciosa y enraizadora, le invitan a reconectarse con la estabilidad, con lo que es sólido y duradero. Son las guardianas de las fuerzas nutritivas, del crecimiento y del sustento, y al conectarse con estas energías, descubrirá una fuerza tranquila y constante que nutre su espíritu.

Las hadas del agua, a su vez, guían sus emociones, aportando ligereza a la experiencia de adaptarse, recibir y liberar. Nadan en aguas profundas, en el océano de emociones, sueños e instintos, ayudándole a entender que la verdadera libertad está en permitirse ser fluido y adaptable, como una corriente que fluye alrededor de los obstáculos, renovándose constantemente. Con esta presencia, aprenderá que la fluidez del agua es una fuerza en sí misma y que la introspección es una herramienta para la renovación.

Las hadas del fuego, intensas y transformadoras, son las guardianas del poder creativo. Desafían lo ordinario e inspiran el cambio, incitándonos a buscar la transformación y el renacimiento. No puede conectarse con ellas sin sentir su propio potencial creativo despertar, sin sentir esa chispa interior lista para encender nuevas ideas, para quemar lo que ya no le sirve y abrir espacio para lo nuevo. No solo traen calor, sino también luz, invitándole a mirar hacia dentro y ver sus verdades con claridad.

Y luego están las hadas del aire, presencias misteriosas y etéreas que traen la ligereza y la claridad del pensamiento. Se mueven en el espacio entre los pensamientos, entre sueños y visiones, inspirando nuevas ideas e incentivando la libertad mental. Estas hadas nos permiten elevar nuestro pensamiento, abandonar cargas y restricciones y flotar libremente dentro de las posibilidades. Al conectarse con la energía del aire, aprenderá a liberar lo que le limita y abrirse al poder de la imaginación y la intuición, permitiendo que el pensamiento viaje más allá de lo que es concreto e inmediato.

Al abrirse a este universo, permita que su propia sensibilidad despierte a las señales de lo invisible. Como la propia naturaleza, las hadas se revelan solo a aquellos que están dispuestos a observar, escuchar y armonizar. Esta lectura es más que un libro; es una guía para una transformación sutil, para una nueva manera de percibirse a sí mismo y al mundo. Con cada página que pase, se acercará a este portal de conocimiento que trasciende lo racional, hacia un saber que conecta cuerpo y espíritu a la propia esencia de la naturaleza.

Este libro le invita, por lo tanto, a redescubrir las energías que componen su propia alma, energías reflejadas por los elementos a su alrededor. Le desafía a reconectarse, a percibir que, al alinearse con estas fuerzas, usted participa de una danza mayor, en un flujo que entrelaza todas las formas de vida. Y, al final, descubrirá que esta danza le lleva a un punto de partida, un lugar donde lo ordinario y lo extraordinario coexisten, donde usted y la naturaleza son uno, donde la armonía y el misterio residen en perfecta sincronía.

O Editor

# Capítulo 1
# Hadas

En los reinos ocultos donde la luz se encuentra con la sombra y los árboles susurrantes se mecen con secretos, existe un mundo de seres etéreos, conocidos por muchos como hadas. Estas criaturas esquivas son más que meras historias transmitidas a través de la tradición antigua. Son seres elementales, tejidos a partir de la propia estructura de la naturaleza, incorporando las energías primordiales que sustentan nuestro mundo. Vislumbrar un hada, o incluso sentir su presencia, es encontrarse con una esencia tan antigua como la tierra, tan fluida como el agua, tan caliente como el fuego y tan libre como el viento. Aquí, en los pliegues de la realidad que a menudo pasan desapercibidos, habitan las hadas.

La existencia de las hadas habla de un profundo equilibrio dentro de la naturaleza. Cada una se alinea con un elemento específico (tierra, agua, fuego o aire) reflejando sus cualidades y energías únicas. Sin embargo, las hadas no son solo manifestaciones de estas fuerzas; también sirven como sus guardianas, protectoras del delicado equilibrio que sustenta el mundo natural. En este papel, actúan casi como un puente, un hilo conductor entre los reinos humano y elemental, velando por la vida que florece en los ecosistemas de los cuales son parte intrínseca.

Diferentes tipos de hadas surgen dentro de estos elementos, cada uno portando energías, apariencias y propósitos distintos. Las hadas de la tierra, por ejemplo, se sienten atraídas por piedras, raíces y por los lugares profundos y silenciosos dentro de los bosques. A menudo ligadas al crecimiento y a la estabilidad, estos seres resuenan con energías que enraízan y nutren, trabajando silenciosamente bajo nuestros pies para fomentar la vida. Las hadas terrestres encuentran santuario dentro de los árboles y del suelo, donde guían los ciclos de crecimiento y decadencia, susurrando a las plantas y a la fauna en un lenguaje más allá de la audición humana.

Las hadas del agua, por otro lado, fluyen con los ríos, lagos y mares, su esencia ligada al flujo y reflujo del agua y, por extensión, a nuestras emociones. Conectarse con las hadas del agua es tocar el ritmo siempre cambiante de sentimientos, memoria e intuición. Giran dentro de las corrientes, brillando como reflejos lúdicos en la superficie del agua o como movimientos fugaces en sus profundidades. Su propósito es inspirar limpieza, renovación y adaptabilidad, pues son el soplo de fluidez en la naturaleza, adaptándose a cada curva y corriente que encuentran.

Las hadas del fuego portan una energía totalmente diferente. Conocidas por su intensidad, centellean dentro de las llamas y del calor del sol, irradiando una fuerza vital vibrante que llama la atención. Incorporan la transformación, incitando al mundo a abrazar el cambio y a moverse a través de ciclos de renacimiento. Aunque su energía pueda parecer feroz, las hadas del fuego poseen una sabiduría intrincada, que nos enseña a respetar el poder de la pasión, de la voluntad y de la renovación. Cuando estas hadas aparecen, su presencia a menudo nos recuerda aprovechar nuestro fuego interior, canalizar el coraje y buscar la iluminación dentro de nosotros mismos.

Y luego están las hadas del aire, las más esquivas de todas, revoloteando invisiblemente por los cielos. Son las portadoras de la inspiración, mensajeras de la claridad y del insight, que habitan los espacios entre pensamientos y sueños. Estas hadas se sienten atraídas por campos abiertos, cimas de montañas y el suave susurro de las hojas, donde su esencia aérea puede danzar libremente. Dan vida a las ideas, a menudo apareciendo como momentos de claridad repentina o una brisa suave que trae un susurro de intuición. La presencia de hadas del aire nos invita a elevar nuestros pensamientos, abandonar cargas y abrazar el poder de posibilidades invisibles.

Juntas, estas hadas elementales crean un tapiz de energías que impregna la naturaleza. Sus roles son tan variados como sus formas, pero comparten un propósito unificador: mantener la armonía y promover el crecimiento dentro del mundo natural. Son aliadas del equilibrio, moviéndose a través de un ritmo que es constante, pero en constante evolución, y en su sabiduría reside la comprensión de la interdependencia de todas las cosas.

Sin embargo, las hadas no son meras guardianas pasivas de la naturaleza. También son seres interactivos, receptivos a aquellos que las buscan con respeto y corazones abiertos. Para aquellos que desean conectarse con hadas, es esencial abordarlas como se acercaría a un profesor sabio y antiguo, sin exigencias, pero con reverencia y curiosidad. Las hadas sienten las intenciones, respondiendo a energías y emociones en lugar de palabras. Pueden aparecer para aquellos que se acercan a ellas con humildad, buscando aprender y armonizar con la naturaleza en lugar de controlarla. De esta forma, las hadas pueden optar por revelarse sutilmente, tal vez como un destello de luz en el rabillo del ojo, una brisa suave que lleva un aroma de flores, o incluso una melodía fugaz que despierta un recuerdo olvidado hace mucho tiempo.

Comprender a las hadas es, por lo tanto, un viaje de alineación espiritual. Requiere sintonizarse con el mundo natural, volviéndose consciente de las corrientes sutiles y fuerzas invisibles que lo moldean. Las hadas existen dentro de estos reinos invisibles, tejidas en las energías que llenan bosques, ríos, fuegos y cielos. Al aprender a percibir estas energías, se empieza a vislumbrar el mundo de las hadas, un lugar dentro y más allá de los límites de nuestra realidad física.

Al abrirnos a este reino, podemos descubrir que las hadas nos enseñan tanto sobre nosotros mismos como sobre la naturaleza. Reflejan las cualidades de nuestros propios elementos internos, guiándonos para conectarnos con la tierra, el agua, el fuego y el aire interior. Al hacer esto, las hadas nos recuerdan nuestro lugar en el tapiz mayor de la vida. Revelan que no estamos separados de la naturaleza, sino que somos, en verdad, una parte integral de su esencia, una verdad que a menudo olvidamos.

Esta exploración inicial del reino de las hadas ofrece un vislumbre de una realidad mística donde energía, intención y respeto se mezclan. Las hadas, como seres elementales, incorporan y sustentan las fuerzas naturales a nuestro alrededor, armonizándose con el espíritu del mundo en una danza de energía y vida. Comprenderlas es embarcarse en un viaje de alineación espiritual, que nos conduce más cerca del corazón de la naturaleza y, en última instancia, a los aspectos ocultos de nosotros mismos.

Cuando alguien se atreve a profundizar su comprensión de las hadas, el camino se desenrolla como un tapiz, tejido con hilos de percepción y energía que son tan delicados como profundos. Caminar entre las hadas es aprender su lenguaje, no a través de palabras, sino a través de una danza intuitiva de sentimiento e intención. Cada tipo de hada trae su propio ritmo, comunicándose en susurros y señales en lugar de formas concretas, abriendo una ventana a las capas más sutiles de la existencia.

Las hadas de la tierra, guardianas silenciosas del crecimiento y la decadencia, resuenan con la pulsación de la tierra. No hablan en tonos audibles, sino en cambios y sensaciones: un calor creciente, una sensación de enraizamiento o una vibración sutil sentida en la quietud de árboles antiguos. Para percibir su presencia, es preciso escuchar no con los oídos, sino con el espíritu, sintonizándose con el pulso lento y constante que late bajo los pies. Cuando los humanos entran en sus santuarios (las piedras cubiertas de musgo, bosques escondidos o el suave rodar de las colinas) puede haber una sensación de calma, una sensación de ser observado por algo antiguo y sabio. Las hadas de la tierra se comunican a través de la esencia de la paciencia, nutriendo las semillas del crecimiento tanto en la naturaleza como en el alma.

Las hadas del agua, en contraste, son criaturas de fluidez, alineadas con las mareas y flujos de nuestras emociones internas. Aparecen en reflejos, disparando bajo la superficie o brillando como ondulaciones en la calma. Estas hadas se revelan en momentos de introspección, ayudando a navegar por las profundidades del sentimiento y la intuición. Conectarse con ellas invita a un abrazo de cambio, pues así como el agua se mueve y se remodela sin esfuerzo, estas hadas también nos guían para fluir con las corrientes de la vida. Sentir su presencia es sentir un tirón, una invitación para sumergirse hacia dentro y moverse graciosamente a través de las propias emociones, encontrando claridad en las profundidades.

La energía de las hadas del fuego, a su vez, resuena con intensidad y transformación. Guardianas feroces y guardianas de la pasión, aparecen como flashes de luz, centelleos en la llama de una vela o incluso en el calor de un espacio iluminado por el sol. Aunque su energía pueda ser aguda, también es ricamente creativa, incitando a aquellos que se conectan con ella a encender su propio fuego interior. Las hadas del fuego incorporan la esencia del cambio, enseñándonos a liberar lo que no nos sirve más y abrazar nuestras verdades esenciales con coraje. Responden más vívidamente a las intenciones de crecimiento y empoderamiento, recordándonos que la transformación comienza desde dentro. Su presencia despierta una sensación de calor y vigilancia, un recordatorio para respetar el poder del fuego y usarlo con sabiduría.

Las hadas del aire, como una brisa suave que lleva el olor de flores, son las más sutiles de todas. Se revelan a través del movimiento, un susurro en las hojas o un pensamiento fugaz que inspira. A diferencia de la energía enraizada de las hadas de la tierra o del flujo apasionado del fuego, las hadas del aire traen un susurro de inspiración, incitándonos a mirar más allá de la superficie de la realidad. Cuando están cerca, se puede sentir una ligereza, una sensación de posibilidad y una apertura que permite que nuevas perspectivas surjan. Son mensajeras de la claridad, guiándonos para liberar cargas y sintonizar lo invisible. En su presencia etérea, hay una sensación de expansión, un recordatorio para soñar e imaginar sin restricciones.

Para interactuar con hadas de cualquier tipo, sensibilidad y presencia son esenciales. Las hadas responden a aquellos que están atentos a las energías de sus alrededores. Para los humanos, esto generalmente requiere una forma de desaprender, un aflojamiento del dominio que las distracciones modernas tienen sobre nuestros sentidos. Practicando la presencia y la paciencia, caminando por la naturaleza con el corazón abierto y la mente clara, se puede empezar a percibir estas energías, conectándose con las hadas como lo haría con amigos de confianza. Las hadas ven más allá de las intenciones superficiales, respondiendo solo a la energía y al respeto ofrecidos por aquellos que se acercan.

Para aquellos que se sienten atraídos por el reino de las hadas, ciertas prácticas pueden ayudar a construir un puente entre los mundos. La meditación, por ejemplo, calma la mente y la sintoniza con las energías sutiles y rítmicas que señalan la presencia de un hada. Durante estos momentos de quietud, los sentidos espirituales despiertan, revelando el zumbido de la vida que a menudo pasa desapercibido. Prácticas simples, como colocar una piedra o una flor como ofrenda, expresan la reverencia y el aprecio por el delicado equilibrio de la naturaleza, invitando a las hadas a percibir.

En lugares donde las hadas son especialmente activas, como bosques, cerca de arroyos o bajo el cielo abierto al crepúsculo, se puede sentir un cambio en la energía. Con el tiempo, se aprende a reconocer estas señales sutiles: una sensación de ser observado, un calor inexplicable o la visión de pequeñas luces disparando en la visión periférica. Estos momentos son invitaciones para hacer una pausa, abandonar las distracciones y escuchar, sintiendo la presencia que se mueve más allá de los límites de la visión. La conexión se convierte no solo en un puente hacia las hadas, sino hacia el yo más profundo del alma, un viaje hacia adentro tanto como hacia afuera.

A medida que los humanos profundizan su conexión con las hadas, también pueden descubrir que la propia naturaleza comienza a revelar su sabiduría. Los ciclos de crecimiento y descanso, la armonía entre depredador y presa, el ritmo de las estaciones: estos son los principios que las hadas defienden. Trabajar con hadas incentiva una alineación con estos ritmos naturales, promoviendo una vida que refleja el equilibrio que ellas tan diligentemente mantienen. De esta forma, los encuentros con hadas se convierten en más que experiencias mágicas; son lecciones de armonía, resiliencia e interconexión.

Las hadas, sin embargo, son guardianas de un mundo más allá de la comprensión humana. Su perspectiva es antigua, arraigada en una sabiduría atemporal que ve no solo el momento presente, sino los ciclos infinitos de la vida que conectan todas las cosas. Para ellas, la vida es una danza continua de energía, en constante cambio, pero sin fin. Aquellos que buscan a las hadas en busca de conocimiento o asistencia descubren que son atraídos hacia esta danza, aprendiendo no a través de instrucciones directas, sino a través de la experiencia vivida de interactuar con estos seres.

En esta danza, las hadas pueden ayudar a iluminar aspectos ocultos de nosotros mismos. Al interactuar con ellas, comenzamos a ver más allá de lo físico y a confiar en la intuición y en las fuerzas invisibles. Las hadas no son meros símbolos o arquetipos; son seres que optan por compartir su presencia y energía, guiando a aquellos que desean aprender de los misterios del mundo natural.

Para aquellos que buscan rituales y prácticas con hadas, la comprensión de estas energías es fundamental. El reino de las hadas ofrece más que visiones o encuentros etéreos: es un reflejo de un mundo donde armonía, respeto y conexión son primordiales. Cada tipo de hada invita a los humanos a alinearse con estos principios, a reconectarse con la naturaleza de una forma que se siente atemporal y profundamente personal.

De esta forma, las hadas nos guían no solo hacia ellas, sino de vuelta hacia nosotros mismos, promoviendo un viaje espiritual y transformador. A medida que el camino se desenrolla, las fronteras entre humano y hada, entre visto e invisible, se difuminan, revelando un mundo vivo con belleza y sabiduría ocultas esperando a ser descubiertas.

## Capítulo 2
## Energía Elemental

En la antigua danza de la naturaleza, donde cada hoja, piedra y brisa llevan el pulso silencioso de la vida, reside una verdad que muchos han sentido, pero pocos comprenden realmente: la presencia de las energías elementales. Estas son las fuerzas que animan no solo el mundo de las hadas, sino también el fundamento mismo de la existencia. Como los hilos de una vasta e invisible telaraña, las energías elementales se entrelazan en todo, conectando cada aspecto de la vida con el siguiente. Tierra, agua, fuego y aire, cada elemento una parte distinta pero inseparable del todo, son canales a través de los cuales las hadas se manifiestan y ejercen su influencia, moldeando el mundo natural de maneras sutiles y profundas.

El elemento tierra encarna la solidez, una fuerza de resistencia y nutrición que da vida a los árboles y ancla el suelo bajo nuestros pies. Esta energía es densa, estable e inflexible, pero dentro de ella pulsa la magia sutil del crecimiento y la regeneración. Las hadas de la tierra son guardianas de este poder, custodias de todo lo que está enraizado, conectado a tierra y estable. Habitan el suelo fértil, albergando las semillas en su viaje desde la germinación hasta la plena floración y, al hacerlo, actúan como protectoras silenciosas de la naturaleza cíclica de la vida. Aquellos que se sintonizan con la energía de la tierra a menudo sienten una sensación de arraigo, una calma que los acerca a sus propias raíces, inspirando paciencia y reverencia por el crecimiento. En la presencia de las hadas de la tierra, hay una quietud palpable, un recordatorio de que la fuerza no reside en la fuerza bruta, sino en la persistencia silenciosa.

La energía del agua, siempre fluida y adaptable, es el espejo y la musa de nuestras emociones. Las hadas del agua encarnan este flujo, moviéndose en armonía con ríos, lagos y arroyos, guiando los ritmos suaves de purificación, reflexión y cambio. Son espíritus de intuición, deslizándose sin esfuerzo entre lo visible y lo oculto, navegando en las profundidades del sentimiento que a menudo permanecen inexpresadas. Conectarse con las hadas del agua es experimentar una invitación gentil a la rendición: dejar de lado la resistencia, fluir con la corriente de la vida y abrazar cada giro y vuelta con gracia. En el movimiento del agua, estas hadas nos recuerdan el poder limpiador de la liberación, animándonos a dejar de lado las cargas emocionales y permitirnos sentir plenamente.

El fuego, en contraste, irradia intensidad, provocando la transformación e iluminando el camino a seguir. Es un elemento de pasión, una fuerza que consume, purifica y renace. Las hadas del fuego danzan en medio de las llamas, sus formas parpadeantes vivas con una energía potente que impulsa la acción y despierta las fuerzas latentes. Son guardianas del cambio, guiando a aquellos que las invocan a través del fuego de la transformación personal. Abrazar la energía del fuego es encender la llama interior, despertar el coraje y el impulso que impulsan al espíritu hacia sus aspiraciones más elevadas. Las hadas del fuego nos animan a deshacernos de aquello que ya no nos sirve, a abrazar nuestras pasiones sin miedo y a honrar las lecciones de la destrucción y el renacimiento.

El elemento aire, evasivo y omnipresente, es un conductor de inspiración e intuición. Es una fuerza que impregna todas las cosas, pero permanece intangible, siempre en movimiento y libre. Las hadas del aire habitan los espacios entre las respiraciones, bailando en las brisas que agitan la mente hacia la claridad y la imaginación. Su energía es rápida y ligera, abriendo caminos de pensamiento y comunicación, guiándonos a levantar la vista de lo tangible y explorar reinos de posibilidad. En momentos de intuición o creatividad repentinas, se puede sentir el toque de un hada del aire, un pequeño empujón que abre la mente a ideas más allá de la percepción ordinaria. Nos invitan a pensar de forma expansiva, a liberarnos de las restricciones y a abrazar la libertad de pensamiento e imaginación.

Cada uno de estos elementos, aunque distinto, está intrínsecamente interconectado. Así como la tierra sostiene el agua, el agua apaga el fuego, el fuego se eleva con el aire y el aire llena los espacios dentro de la tierra, las energías de las hadas también se entrelazan, creando un equilibrio armonioso que sustenta toda la vida. Las hadas, como seres elementales, encarnan esta interacción, canalizando las fuerzas de la naturaleza para mantener el equilibrio en el mundo. Guían y protegen, velando por el frágil equilibrio que permite que la vida florezca. Y aunque puedan aparecer dentro de un elemento específico, sus energías fluyen libremente a través de las fronteras, recordándonos que todas las cosas están conectadas por corrientes invisibles de energía y propósito.

Al sentir estas energías elementales, comenzamos a entender a las hadas como algo más que figuras míticas; se convierten en un reflejo tangible de las propias fuerzas elementales. Cuando nos conectamos con ellas, nos estamos conectando con la propia esencia de la tierra, el agua, el fuego y el aire dentro de nosotros. La quietud de la tierra nos ancla, la fluidez del agua nutre nuestras emociones, la intensidad del fuego despierta nuestras pasiones y la ligereza del aire inspira nuestros pensamientos. Esta comprensión promueve una relación simbiótica, en la que humanos y hadas coexisten en una red compartida de energía, cada uno respetando y apoyando el papel del otro en la naturaleza.

Acercarse a las hadas elementales es, por lo tanto, un ejercicio de sintonización, un proceso de armonizar la propia energía con las energías que nos rodean. Al aprender a sentir las cualidades únicas de cada elemento, podemos comenzar a percibir la presencia de las hadas y entender sus enseñanzas. Los ejercicios de enraizamiento pueden fomentar la conexión con las hadas de la tierra, mientras que las prácticas meditativas cerca de ríos o lagos invitan a la compañía de las hadas del agua. Los rituales de fuego y la contemplación de velas pueden atraer a las hadas del fuego más cerca, y las meditaciones al aire libre permiten sentir el toque rápido y refrescante de las hadas del aire. A través de estas prácticas, no solo invitamos a las energías de las hadas a nuestras vidas, sino que también profundizamos nuestra conexión con la propia naturaleza, enraizándonos en los ritmos de la tierra, fomentando el flujo, encendiendo el propósito y elevando nuestros espíritus.

A medida que nos abrimos a las energías elementales, comenzamos a ver el papel de las hadas como guías y guardianas del equilibrio en el mundo natural. Su presencia es sutil y profunda, sentida como una corriente subterránea dentro de cada elemento, guiándonos a honrar los ciclos de la vida, a respetar las fuerzas que nos sustentan y a encontrar la belleza en la delicada e interconectada red que une a todos los seres. Las hadas, a través de su trabajo con los elementos, ofrecen un camino hacia la comprensión de los misterios de la vida, no a través de la explicación, sino a través de la experiencia. En su trabajo silencioso y constante, nos recuerdan nuestro propio lugar en el equilibrio del mundo, instándonos a vivir con atención y armonía, a nutrir y proteger, tal como ellas lo hacen.

En esta exploración de las energías elementales, nos encontramos en el umbral de una sabiduría más profunda, una sabiduría que no se comprende solo por el intelecto, sino que se siente por el corazón, los sentidos y el espíritu. Las hadas, guardianas de la tierra, el agua, el fuego y el aire, abren la puerta a una realidad que es a la vez antigua e inmediata, llamándonos a un viaje donde la propia naturaleza se convierte en nuestra maestra y donde aprendemos, lenta y suavemente, a alinearnos con la propia alma del mundo.

A medida que nuestros sentidos comienzan a despertar a las suaves corrientes de la energía elemental, la presencia de las hadas se convierte no solo en un concepto abstracto, sino en una fuerza tangible y orientadora. Las hadas, estas guardianas y canalizadoras de los poderes primordiales de la naturaleza, se mueven a través de sus respectivos elementos con una inteligencia y sensibilidad que reflejan y trascienden la comprensión humana. Su trabajo dentro de cada elemento es delicado pero poderoso, formando una red sutil de energías que sustentan el equilibrio de toda la vida. Involucrarse con estas energías conscientemente, sentirlas y conectarse, abre una puerta a una relación más profunda con las hadas, un vínculo que permite acceder a las fuerzas elementales que animan el mundo natural.

Las energías de cada elemento se revelan a través de la observación cuidadosa y la sensibilidad practicada, como vislumbres de la luz solar en el suelo del bosque. Las hadas de la tierra, por ejemplo, se mueven en silencio, cuidando las raíces de los árboles, el suelo y las piedras. A través de su energía, se puede sentir un profundo sentido de arraigo, de conexión con el ritmo estabilizador de la tierra. Una práctica para sintonizar con su presencia comienza tocando físicamente el suelo o un árbol, permitiéndose sentir su pulso. Cerrar los ojos y sumergirse en esta sensación revela la energía de las hadas de la tierra como un suave zumbido, una sensación de enraizamiento que trae quietud a la mente y al cuerpo. En momentos de dificultad o incertidumbre, esta energía ofrece estabilidad, enseñando paciencia y resiliencia. En su sabiduría, las hadas de la tierra nos recuerdan la importancia de enraizarnos, de reconectarnos con los ritmos de crecimiento, renovación y resistencia silenciosa.

Las hadas del agua, a su vez, traen la energía de la fluidez y la emoción, deslizándose por ríos, piscinas e incluso las más pequeñas gotas de rocío. Su esencia se siente como una presencia refrescante, una invitación a liberarse y fluir con el curso natural de la vida. Para sintonizar con las hadas del agua, uno puede sentarse cerca de un arroyo o lago, cerrando los ojos y escuchando el flujo, siguiendo la respiración al ritmo del agua. Al hacer esto, se accede al suave estímulo del hada del agua para permitir que las emociones se muevan libremente, para limpiar y refrescar. Las hadas del agua ofrecen orientación en momentos de desafío emocional, animando a los individuos a abrazar el cambio con aceptación, a lavar viejos apegos y a permitir que nuevos sentimientos y experiencias enriquezcan el alma. Con su toque, se aprende la gracia de la rendición, encontrando fuerza en la flexibilidad y la resiliencia.

Las hadas del fuego, en contraste, encarnan la pasión, la transformación y la energía bruta. Brillan en llamas y espacios cálidos, agitando el espíritu e inspirando actos de valentía. Su energía puede ser intensa, sentida como una aceleración del pulso o una chispa de excitación interior. Para conectarse con las hadas del fuego, se puede realizar un simple ritual con una vela o mirar una hoguera, sintiendo el calor y observando la danza viva de las llamas. En esos momentos, la presencia de las hadas del fuego puede sentirse como un calor interior, un recordatorio del poder transformador de la pasión y la creatividad. Inspiran a la acción, incitándonos a entrar valientemente en el cambio y a abrazar la intensidad de la vida con un corazón intrépido. Las hadas del fuego nos recuerdan que dentro de cada final reside un nuevo comienzo, que la energía de la transformación es una parte esencial del crecimiento y la creación.

Las hadas del aire, las más evasivas de todas, se mueven invisiblemente a través de los espacios entre los pensamientos, deslizándose en las brisas y los cielos abiertos. Traen claridad e inspiración, limpiando la mente y elevando el espíritu. Se puede sentir su presencia en momentos de ligereza, cuando una intuición repentina o una idea creativa surge espontáneamente, o cuando una suave brisa refresca los sentidos. Una forma de sintonizar con las hadas del aire es a través de la respiración, estando en un campo abierto o en una ladera, sintiendo el viento en la piel y respirando profunda y conscientemente. En esos momentos, la energía de las hadas del aire promueve una sensación de libertad, abriendo caminos de pensamiento e invitando a la curiosidad y la imaginación. Su presencia es un recordatorio para liberar las limitaciones, expandir la visión y permitir que las ideas y los sueños vuelen.

Juntas, estas energías elementales forman un espectro completo, una danza de la vida que las hadas supervisan y nutren. Para aquellos que buscan conectarse más profundamente con las hadas, practicar la sensibilidad a estas energías es un paso vital, ya que construye una sintonización que trasciende las palabras y nos pone en alineación con los ritmos de la naturaleza. Una forma de cultivar esta sensibilidad es a través de una práctica llamada "enraizamiento elemental", en la que cada uno de los elementos es reconocido e invitado a su presencia, uno a la vez. Al sentarse en silencio, visualizando la energía de cada elemento (tierra como enraizamiento, agua como fluidez, fuego como calentamiento y aire como elevación) se aprende a sentir cada energía distintamente y se comienza a reconocer estas fuerzas en su entorno. Esta práctica crea un espacio armonioso donde las hadas se sienten bienvenidas, ya que demuestra reverencia por las energías que nutren y protegen.

A medida que la sensibilidad se profundiza, las hadas pueden comenzar a responder, ofreciendo señales de su presencia de maneras tan sutiles como las energías que encarnan. Las hadas de la tierra pueden darse a conocer a través de la vida vibrante de una planta, una sensación de calor en el suelo o la sensación de ser suavemente abrazado por la tierra. Las hadas del agua a menudo traen un brillo al agua en movimiento, una paz repentina cerca de un lago o río, o un ligero temblor que despierta los sentidos a la belleza de la fluidez y la transformación. Las hadas del fuego se revelan en momentos de inspiración, un destello de intuición o incluso una ola de calor sentida en el aire frío. Y las hadas del aire vienen como susurros, como una brisa refrescante que despeja la mente o como pensamientos que parecen flotar sin esfuerzo, trayendo nuevas perspectivas.

A medida que se aprende a percibir estas señales, los rituales con las hadas se convierten en algo más que actos de reverencia; se convierten en colaboraciones, momentos en que las energías humanas y de las hadas se entrelazan. Las hadas ofrecen su guía, moldeando la energía del ritual e imbuyéndolo con la fuerza y la sabiduría de los elementos. Con el tiempo, los rituales pasan de ser prácticas estructuradas a expresiones fluidas de conexión y gratitud, a medida que las hadas muestran a aquellos que están dispuestos a escuchar cómo trabajar con las energías elementales en armonía, incorporando la belleza y la sabiduría del propio equilibrio de la naturaleza.

El viaje de conexión con las hadas a través de las energías elementales no solo abre los sentidos a los reinos invisibles; reaviva una relación olvidada con la tierra, que nos recuerda que somos parte del pulso de la naturaleza, que también llevamos tierra, agua, fuego y aire dentro de nosotros. A través de las hadas, aprendemos que la armonía con la naturaleza no es un objetivo externo, sino una alineación interna, un proceso de sintonizarnos con el mundo y con el yo en la misma medida.

Así, cada paso en este viaje nos acerca al núcleo de la propia vida, un misterio mejor comprendido no por la comprensión, sino por el sentimiento. Al acoger las energías elementales y a las hadas que las canalizan, se nos recuerda el poder silencioso de ceder a la sabiduría de la naturaleza, de encontrar el equilibrio dentro de nosotros mismos y en el mundo que nos rodea. En estos momentos de alineación, la presencia de las hadas sirve como una garantía suave pero profunda de que no estamos solos, de que existen aliados antiguos entre nosotros que han protegido durante mucho tiempo la belleza, el equilibrio y el misterio de la propia vida.

# Capítulo 3
# Conexión Espiritual

Más allá del susurro de las hojas, del murmullo de los arroyos y del calor del fuego, existe un reino accesible solo para aquellos que están dispuestos a mirar hacia adentro y cultivar un corazón tranquilo y receptivo. Construir una conexión espiritual con las hadas requiere un viaje interior, un tipo de exploración en el que cada paso acerca a la persona a los misterios del mundo exterior y a las profundidades del yo. Para conectarse con estos seres etéreos, es preciso ir más allá de la percepción, entrando en un reino de intención, respeto y sintonización que solo puede ser alcanzado por medio de una alineación genuina del espíritu.

Las hadas son seres perceptivos, sintonizados con las energías que permean sus alrededores, incluyendo las emociones e intenciones de aquellos que buscan su compañía. Así, la preparación para conectarse con las hadas comienza no en el ritual, sino en la quietud y en la presencia. Al nutrir un espíritu de apertura y reverencia, la persona se convierte en un recipiente listo para recibir las comunicaciones sutiles que las hadas ofrecen. Este proceso requiere un silenciamiento de la mente, permitiendo que se oiga no con los oídos, sino con el espíritu, para sentir más allá del cuerpo y en la energía de cada momento.

La meditación sirve como una herramienta vital en la construcción de esta conexión. Por medio de la meditación, se aprende a aquietar el ruido de los pensamientos cotidianos, creando una quietud donde las energías de las hadas pueden ser sentidas. Una práctica simple, pero eficaz, es sentarse en un espacio natural — un bosque, un prado, cerca de un cuerpo de agua— donde las hadas probablemente habitan. Cerrando los ojos y concentrándose en la respiración, se comienza a cambiar del mundo exterior a un espacio interior, dejando de lado la charla mental y permitiendo que la mente se calme. Con cada inspiración, la persona atrae la energía circundante y, con cada espiración, libera cualquier tensión o expectativa, convirtiéndose en un recipiente de apertura. En este estado, las hadas pueden sentir la invitación, sintiendo la intención sincera del individuo de conectarse, aprender y respetar su presencia.

Esta apertura es esencial, pues las hadas responden a la pureza del espíritu y no a palabras o acciones externas. Así como nos sentimos atraídos por personas que emiten bondad y sinceridad, las hadas gravitan en torno a aquellos cuyos corazones están abiertos y son respetuosos, cuyas intenciones están libres de deseos egoístas. En este reino de conexión espiritual, se descubre que el lenguaje de las hadas es silencioso, hablado a través del sentimiento, de la sensación y de la intuición. Las hadas pueden responder a una presencia meditativa con señales sutiles —una brisa suave que se agita en un momento inesperado, una sensación de calor o incluso una sensación inexplicable de compañía que flota en el aire—.

La introspección es otro aspecto valioso de la construcción de una conexión espiritual con las hadas. Al volverse hacia adentro y reflexionar sobre su propia energía, pensamientos y emociones, se aprende a abordar a las hadas con un espíritu claro y receptivo. Las hadas generalmente reflejan las energías que encuentran; responden no a demandas o expectativas, sino a una apertura humilde que se alinea con el propio ritmo de la naturaleza. Antes de intentar conectarse con las hadas, es aconsejable mirar hacia adentro, liberando cualquier emoción o pensamiento negativo que pueda perturbar el delicado equilibrio de energía. Definir una intención —ya sea gratitud, aprendizaje o simplemente experimentar la presencia— ancla la conexión, creando una base espiritual sobre la cual las hadas pueden sentirse cómodas al acercarse.

Para aquellos que buscan fortalecer aún más este vínculo, pasar un tiempo en la naturaleza con atención plena profundiza la conexión con el ambiente y con las hadas que allí habitan. Caminar por el bosque, sentir la tierra bajo los pies, observar los patrones intrincados de las hojas y percibir el juego de luz y sombra, cada uno de estos pequeños actos acerca a la persona al ritmo de la naturaleza. Esta presencia consciente señaliza a las hadas un respeto por su mundo, invitándolas a revelarse de maneras sutiles. Con el tiempo, se puede comenzar a sentir una conciencia intensificada de las energías invisibles, como si el bosque, el agua o el propio cielo estuvieran vivos y observando. Es en estos momentos silenciosos que la presencia de las hadas puede ser sentida de forma más aguda.

Armonizarse con la energía de las hadas también involucra cultivar un equilibrio interior que resuene con el mundo natural. Así como la naturaleza sigue ciclos de crecimiento, decadencia y renovación, las hadas son sensibles a energías que son tranquilas, conectadas a tierra y alineadas con este ritmo. Prácticas como ejercicios de enraizamiento, respiración y visualizaciones de la estabilidad de la Tierra ayudan a la persona a resonar con estas frecuencias. Una técnica simple de enraizamiento implica sentarse en la tierra, visualizando raíces que se extienden del cuerpo hacia el suelo, conectándose con el pulso de la tierra abajo. Este enraizamiento no solo ayuda a centralizar el espíritu, sino que también promueve una resonancia con la energía de las hadas de la tierra, cuya esencia está ligada a la estabilidad y al poder nutritivo de la tierra.

La respiración también es un puente que conecta el espíritu humano con la energía de las hadas. La respiración profunda y consciente trae la conciencia de la persona al momento presente, calmando el cuerpo y la mente. Cada respiración hecha con intención se convierte en un camino para conectarse con lo invisible, para sintonizarse con las energías sutiles que lo rodean. El acto de respirar se convierte en una especie de conversación, un intercambio entre el individuo y las energías del mundo natural, señalizando la presencia y la apertura de la persona a las hadas que puedan estar cerca.

Las hadas, sin embargo, se revelan a su propio tiempo. La paciencia es esencial, pues la conexión no puede ser apresurada o forzada. Así como se debe esperar a que un botón florezca, también se debe permitir que la conexión con las hadas se desarrolle orgánicamente. Pueden aparecer como una sensación pasajera de energía, una ligereza que va y viene, o incluso un susurro gentil que agita el corazón con una sensación de parentesco y confianza. En estos momentos, se siente que un puente ha sido cruzado, que el reino invisible de las hadas se ha abierto para revelar su presencia, respondiendo a la invitación de un espíritu tranquilo y abierto.

Cuando las hadas optan por responder, pueden ofrecer señales —símbolos que llevan significado solo para quien los percibe—. Una pluma, una pequeña piedra que llama la atención o el olor de flores llevado por la brisa pueden ser maneras por las cuales las hadas señalan su reconocimiento. Estas señales son sutiles, destinadas a inspirar reflexión en lugar de ofrecer respuestas directas. Recuerdan al buscador que el camino hacia la comprensión no es lineal, que la verdadera naturaleza de la conexión con las hadas reside en experimentar el misterio y honrarlo sin la necesidad de control o explicación.

En estos momentos de conexión, también se puede sentir un cambio interior, como si una parte de sí misma hubiera despertado a una verdad que siempre estuvo allí, pero a menudo olvidada. Las hadas, a su manera gentil, nos guían para redescubrir nuestro propio espíritu, para abrazar los espacios silenciosos dentro de nosotros y para reconocer que nosotros también somos parte del gran diseño de la naturaleza. Al conectarnos con ellas, entramos en un círculo de vida, un espacio compartido de energía y reverencia que trasciende las fronteras entre lo humano y lo elemental, entre lo físico y lo espiritual.

A medida que este vínculo se profundiza, la relación con las hadas se convierte en un viaje de transformación interior, donde cada encuentro es un espejo, reflejando la belleza y el misterio del mundo natural. La conexión cambia de un simple acto de búsqueda a una danza profunda de energías, una amistad entre seres cuyos mundos están interconectados. Con cada momento de presencia, con cada acto silencioso de respeto, el velo entre los mundos se vuelve más fino, revelando lo sagrado en lo cotidiano, un recordatorio de que la magia no está separada de la vida, sino entrelazada en su tejido.

Así, en esta comunión gentil con las hadas, el buscador encuentra no solo la presencia de estos seres, sino un camino hacia el autodescubrimiento, un viaje donde las fronteras entre la naturaleza y el espíritu se disuelven y la persona se vuelve totalmente inmersa en el ritmo eterno de la vida.

A medida que el puente hacia el reino de las hadas se fortalece, también aumenta la capacidad de sentir y comprender las maneras sutiles por las cuales las hadas se comunican. Su lenguaje no es de palabras habladas, sino de energía, emoción y señales, entrelazada en el ritmo de la naturaleza. Construir una conexión espiritual con las hadas invita a la persona a involucrarse con técnicas más profundas de visualización, sintonización sensorial y receptividad a los mensajes ocultos en el ambiente. Para aquellos que buscan una relación más cercana con estos seres, el viaje es de mayor conciencia y profunda confianza en lo invisible.

La visualización ofrece una manera poderosa de llenar el vacío entre los reinos. Al aprender a ver más allá de la realidad física y abrir el ojo de la mente, se puede comenzar a percibir la presencia de las hadas en toda su sutileza luminosa. Una práctica para iniciar esto implica sentarse en un espacio natural tranquilo y cerrar los ojos, permitiendo que la mente visualice las energías elementales que rodean ese espacio. Visualice el brillo suave de la energía de la tierra subiendo del suelo, el flujo frío de la energía del agua en los arroyos cercanos, el calor parpadeante del fuego en la luz del sol o en las llamas y las corrientes de aire ligeras y espirales moviéndose a través de las hojas y ramas. A medida que la visualización se profundiza, se puede comenzar a sentir a las hadas asociadas con estos elementos, sus formas apareciendo como luces suaves y mutables o como sombras apenas en el límite de la percepción.

Esta práctica de visualización no se trata de forzar una imagen, sino de permitir que se revele naturalmente. En la presencia de hadas, la imaginación se convierte en un puente, no de ilusión, sino de invitación, un espacio donde lo invisible puede volverse conocido. Este viaje visual puede despertar una visión intuitiva que hace más fácil percibir a las hadas incluso cuando los ojos están abiertos, a medida que el propio mundo natural comienza a revelar a sus habitantes ocultos. Una hoja susurrando, un brillo de luz o un movimiento inexplicable pueden sugerir la presencia de un hada, sugiriendo gentilmente que la visualización las ha invitado más cerca.

Sintonizarse con el ambiente también aumenta esta conexión. Cada elemento —la tierra abajo, el agua fluyendo, el fuego quemando y el aire alrededor— lleva la energía y la presencia de las hadas. Una sensibilidad aumentada a estos elementos abre la puerta para experimentar su tutela de primera mano. Una manera de sintonizarse es prestando mucha atención a los cambios en el ambiente; una quietud repentina, un sonido inusual o incluso un cambio en la temperatura pueden ser señales de que un hada está cerca. Al observar y aceptar estos cambios sin cuestionarlos o analizarlos, la persona se alinea con el ritmo de la naturaleza, permitiendo que las hadas se comuniquen a través de las sutilezas del mundo físico.

Las hadas a menudo se comunican por medio de señales, símbolos y sensaciones, sus mensajes ocultos en el tejido de la vida cotidiana. Estas señales varían de acuerdo con el elemento al cual el hada está alineada. Las hadas de la tierra pueden revelar su presencia a través del descubrimiento inesperado de una hermosa piedra, una pluma o una flor rara. Las hadas del agua pueden manifestarse como el sonido calmante del agua corriente o la aparición repentina de ondulaciones en el agua quieta, mientras que las hadas del fuego pueden revelarse a través de una sensación de calor o una chispa de luz. Las hadas del aire, con su naturaleza evasiva y delicada, pueden ser sentidas a través del movimiento del viento o incluso del suave susurro de las hojas. Reconocer estas señales es profundizar la conexión con las hadas, interpretando sus comunicaciones sutiles como si se leyera un lenguaje antiguo, cada símbolo llevando un mensaje que solo el corazón puede realmente entender.

Para profundizar la receptividad a estos mensajes, es esencial cultivar un estado de conciencia abierta, un estado meditativo donde se oye con todos los sentidos, permitiendo que la intuición guíe el camino. En este estado, se vuelve posible oír más allá de los sonidos comunes, sentir más allá de las sensaciones comunes y percibir más allá de la visión común. Cuanto más se practica este estado, más claras se vuelven los mensajes de las hadas, a medida que la mente libera el control y permite que el espíritu perciba.

Con el tiempo, las hadas pueden incluso ofrecer una respuesta a su presencia por medio de señales sutiles de interacción. Una breve pero intensa sensación de alegría, un escalofrío repentino o una sensación de ligereza pueden señalar que un hada está cerca, observando y reconociendo la conexión. A veces, estas señales pueden llevar significados específicos —una sensación de hormigueo en la piel puede ser la manera dc un hada de conceder permiso para entrar en un determinado espacio, mientras que un brillo cálido sentido por dentro puede indicar la aceptación de sus intenciones por un hada—. Las hadas se revelan solo para aquellos que son pacientes, gentiles y de corazón abierto, ofreciendo estas respuestas como gestos de confianza.

Además de señales y símbolos, las hadas a menudo se comunican a través de lo que algunos describen como "susurros del corazón". No son palabras, sino una forma de conocimiento interior o intuición gentil que surge sin previo aviso. Puede ser un deseo de explorar un área específica, una sensación de ser atraído por un determinado árbol o piedra, o incluso una sensación de calor y paz que llena todo su ser. Estos susurros son la manera de las hadas de guiar a la persona por un camino espiritual, invitándola a explorar y experimentar la vida en un estado de constante asombro y apertura. Por medio de esta forma de comunicación, las hadas incentivan un cambio de perspectiva, de ver la naturaleza como un mero telón de fondo a reconocerla como una entidad viva y respirante, llena de sabiduría y presencia.

Para aquellos que desean ir más lejos, prácticas específicas pueden ayudar a fortalecer esta comunicación. Una de estas prácticas implica la creación de un "espacio de hadas" o pequeño altar en la naturaleza o en casa, un lugar sagrado dedicado a las hadas y a los elementos. Este espacio puede contener piedras, plumas, velas o plantas, dispuestos cuidadosamente como un gesto de respeto y gratitud. Pasar un tiempo en este espacio, hablando suavemente con las hadas o simplemente sentándose en silencio, refuerza la intención de conectarse, creando un puente que hace más fácil para las hadas revelar su presencia. Con el tiempo, se puede notar que las energías en este espacio cambian y se transforman, una señal de que las hadas han aceptado la ofrenda y habitan el espacio con gratitud.

A medida que la conexión se profundiza, la vida de la persona se llena de encuentros sutiles pero significativos con las hadas. Aparecen no para deslumbrar o entretener, sino para compartir su sabiduría, para recordarnos los ciclos de la naturaleza y para despertar un sentido más profundo de responsabilidad hacia el mundo natural. Cada encuentro nos enseña paciencia, respeto y un sentido de asombro que nos lleva a ver la vida como un viaje sagrado, enriquecido por la compañía de estos seres atemporales.

En este vínculo profundizado, las hadas se convierten en algo más que guardianas de la naturaleza; son compañeras, guías y maestras, cada interacción un paso en la danza entre mundos. Ofrecen un espejo para nuestras propias almas, mostrándonos la belleza de la simplicidad, la importancia del equilibrio y el poder transformador de la presencia. A través de sus enseñanzas, aprendemos a respetar el silencio del bosque, la sabiduría de las aguas corrientes, el calor de la llama y el soplo del viento. Cada uno de estos elementos se convierte en un camino hacia la comprensión, cada hada un reflejo de los misterios dentro y a nuestro alrededor.

Con cada encuentro, la línea entre humano y hada, visto e invisible, se desvanece, dejando en su lugar un viaje compartido de descubrimiento y conexión, un recordatorio de que, aunque nuestros mundos puedan ser diferentes, están unidos por las mismas fuerzas, las mismas energías, la misma danza de la vida que une a todos los seres. A través de la presencia de las hadas, somos atraídos cada vez más hacia una verdad más profunda: que en los susurros de la naturaleza y en los espacios silenciosos del corazón existe un mundo rico en sabiduría y maravillas, un mundo que se abre solo para aquellos que buscan con reverencia, humildad y un espíritu abierto.

# Capítulo 4
# Preparación para los Rituales

Adentrarse en el mundo de los rituales feéricos es honrar los aspectos visibles e invisibles del reino natural. Cada ritual comienza no con palabras o acciones, sino con una preparación intencional que crea armonía entre el yo y las energías de las hadas. Antes de invitar a estos seres a cualquier práctica, es esencial purificar el cuerpo y el espíritu, creando un estado de apertura y disposición para el trabajo sutil que se avecina. Esta preparación es tan sagrada como el propio ritual, estableciendo la base sobre la cual las energías de las hadas pueden conectarse, comunicarse y colaborar.

Para comenzar, se debe realizar un proceso de limpieza energética y mental. Las hadas, al estar finamente sintonizadas con la energía, responden más prontamente a ambientes e individuos que reflejan pureza y claridad. Un método práctico para limpiar la energía es usar hierbas conocidas por purificar y alinearse con los reinos feéricos, como lavanda, salvia y romero. Encendiendo un pequeño haz de salvia seca o una rama de lavanda, se puede mover por el espacio ritual, permitiendo que el humo limpie cualquier energía estancada, creando un ambiente donde las hadas se sientan bienvenidas y respetadas. Al hacer esto, concéntrese en liberar cualquier estrés o distracción, visualizando el espacio llenándose con una luz suave y acogedora.

Los cristales también sirven como poderosos aliados en esta fase de preparación, resonando con las vibraciones sutiles que atraen a las hadas. Amatista, cuarzo transparente y cuarzo rosa cargan energías suaves que las hadas reconocen, cada piedra poseyendo una cualidad diferente que armoniza con el ritual. La amatista, por ejemplo, abre la intuición y establece la claridad espiritual, mientras que el cuarzo transparente amplifica la energía de la intención, y el cuarzo rosa nutre una atmósfera de amor y gentileza. Al colocar estas piedras en el espacio ritual o llevando una como un talismán personal, se alinea con las energías por las cuales las hadas son atraídas, señalando respeto y apertura.

Tan importante como el ambiente, es el estado de ánimo. Una breve meditación o momento de introspección antes de comenzar asegura que cualquier pensamiento, preocupación o duda persistente sea dejado de lado. Una práctica útil aquí es enfocarse en la respiración, visualizando cada inspiración como un flujo suave de luz entrando en el cuerpo y cada expiración como una liberación de cualquier energía negativa o innecesaria. A medida que la mente se calma, surge una sensación de claridad y paz, creando un estado mental y emocional que refleja la pureza del espacio ritual. Esta armonía interna señala disposición para las hadas, permitiendo que ellas se sientan acogidas por un espíritu calmado y conectado a tierra.

El uso de elementos naturales prepara aún más el espacio y a sí mismo para la presencia de hadas. Flores, hojas o pequeñas ramas de árboles cargan la esencia de la naturaleza dentro de ellos, invitando a las hadas a unirse al ritual. La selección de estos elementos debe ser intencional, cada pieza elegida con cuidado y respeto, reconociendo que cada flor, hoja y piedra forma parte de un todo mayor. Flores silvestres como margaritas, lirios y nomeolvides están particularmente conectadas a las hadas, mientras que ramas de roble, saúco y sauce son desde hace mucho tiempo sagradas para estos seres. Organizar estos elementos cuidadosamente en el espacio ritual, o usar una corona de flores o una guirnalda, aumenta la sensación de armonía y crea una atmósfera que se siente natural y sagrada.

Una vez que el espacio y el yo están preparados, una invocación de los elementos - tierra, agua, fuego y aire - establece aún más la base del ritual. Invocar las energías de cada elemento invita a las hadas asociadas a ellos, al mismo tiempo que crea un espacio equilibrado que se alinea con el mundo natural. Para invocar la tierra, se puede colocar una piedra o cristal en el suelo, tocándolo brevemente para sentir su energía de enraizamiento. Para el agua, un pequeño cuenco de agua fresca puede ser colocado en las proximidades, simbolizando el flujo de emociones e intuición. Una vela puede servir como la representación del fuego, añadiendo calor y un brillo suave al espacio, mientras que una pluma o un incienso honra el aire, llenando el espacio con movimiento suave o humo perfumado. Este simple acto de honrar los elementos invita a las hadas a unirse, uniendo los reinos físico y energético en preparación para el ritual.

A medida que estos preparativos se completan, un acto final solidifica la alineación: definir una intención. Las hadas resuenan con propósito y claridad; ellas responden a intenciones que son sinceras y sintonizadas con los valores de la naturaleza, gentileza y equilibrio. Hablando en voz alta o silenciosamente por dentro, se puede declarar el propósito del ritual - una frase simple que encapsula el corazón de la práctica. Ya sea para curación, gratitud, protección u orientación, declarar la intención completa los preparativos, señalando tanto para sí mismo como para las hadas la disposición para seguir adelante.

El efecto de esta preparación se extiende más allá del ritual, tejiendo una conexión sutil entre el buscador y el reino feérico. Las hadas reconocen el respeto y el cuidado tomados en la creación de este ambiente y responden prestando su energía, alineándose con la intención y el propósito de la práctica. El espacio ritual se convierte en un puente, un punto de encuentro donde humanos y hadas pueden coexistir, interactuar y trabajar en armonía.

A través de estos actos de preparación, se descubre que el éxito del ritual no está en grandes gestos, sino en los detalles silenciosos e intencionales. Cada paso, cada elemento elegido y organizado, es un gesto de reverencia, un reconocimiento de que el camino hacia la conexión con las hadas es de paciencia, respeto y sintonía con el ritmo suave de la naturaleza. La base es, por lo tanto, lanzada para una práctica que es tanto un viaje hacia dentro como una invitación hacia fuera, creando un espacio donde las hadas se sienten honradas e inspiradas a compartir su sabiduría.

A medida que el buscador se adentra en la preparación del ritual, el acto se convierte no solo en una forma de honrar a las hadas, sino también en un medio poderoso de alinear la propia energía con la esencia del mundo natural. Las hadas son seres sensibles y responden más prontamente a espacios que vibran con cuidado y respeto intencionales. Así, cada acto de preparación sirve tanto como una ofrenda a estos seres como una invitación para su presencia. En esta parte del viaje, pasamos de la creación de un ambiente acogedor al refinamiento de ese espacio, consagrando objetos y estableciendo un altar dedicado donde las hadas pueden sentirse verdaderamente en casa.

El altar, ya sea instalado en un espacio natural al aire libre o en un rincón tranquilo dentro de casa, es un punto central de foco y conexión. Un paño cuidadosamente elegido o una superficie natural, como madera o piedra, puede servir como base, enraizando el altar en el elemento tierra. Cada elemento colocado sobre el altar carga su propia energía, creando un universo en miniatura que refleja la armonía de la naturaleza. Pequeños cuencos llenos de tierra, agua o sal honran a las hadas elementales, mientras que flores, hojas, cristales y velas ofrecen belleza simbólica que las hadas pueden reconocer y apreciar.

El acto de consagrar el altar y sus objetos infunde el espacio con propósito. La consagración es más que un ritual - es un voto de respeto, una declaración de intención que transforma objetos comunes en vasos de energía espiritual. Para consagrar, se puede tocar ligeramente cada elemento del altar, imbuyéndolo con una intención específica a su papel. Por ejemplo, un cristal puede ser consagrado para amplificar la energía, una vela para incorporar la iluminación y una flor para representar la belleza y sabiduría inherentes a la naturaleza. Cada toque es una promesa silenciosa de honrar la presencia de las hadas, de tratar cada elemento como una conexión sagrada con el mundo invisible.

Programar estos objetos profundiza la alineación, permitiendo que cada pieza contenga una energía o propósito específico que apoya los objetivos del ritual. Los cristales, en particular, responden bien a la programación, su estructura naturalmente reteniendo energía e intención. Al sostener un cristal y definir una intención específica - como claridad, protección o compasión - se puede imbuirlo con un propósito que resuena con los objetivos del ritual. Este cristal cargado entonces se convierte en un punto focal en el altar, un faro que atrae y estabiliza la energía feérica, formando un puente entre los reinos. De la misma manera, otros objetos pueden ser programados para armonía, protección o gratitud, cada uno cuidadosamente elegido para reflejar un aspecto de la conexión deseada con las hadas.

Para mantener un altar que permanece energéticamente vibrante, la atención regular es esencial. Así como la naturaleza prospera con cuidados gentiles, el altar también se beneficia de cuidados atentos. Limpiar y reorganizar el espacio periódicamente renueva su energía, asegurando que no se estanque. Rociar agua o colocar flores frescas en el altar lo refresca, mientras que encender una vela o incienso invita al calor y al movimiento. Estos actos son simples, pero significativos, cada uno señalando a las hadas que este es un espacio dedicado y vivo donde su presencia es honrada y valorada.

Una vez que el altar está preparado, seleccionar el momento ideal para el ritual se convierte en la pieza final de la preparación. El momento de un ritual tiene significado, pues los ciclos naturales y los patrones celestiales afectan las energías presentes. Alinear un ritual con las fases de la luna u horarios específicos del día aumenta la conexión, dando poder adicional a la práctica. Por ejemplo, rituales realizados al amanecer o al anochecer se alinean con los propios ritmos de las hadas, pues ellas son frecuentemente más activas durante estos tiempos de transición. De la misma manera, ciertas fases de la luna resuenan con diferentes tipos de energía feérica: la luna llena para abundancia, la luna nueva para nuevos comienzos y la luna menguante para liberación.

Además de la preparación física, entrar en un estado de presencia y enraizamiento ancla al practicante firmemente dentro del espacio. Una práctica de enraizamiento simple, como visualizar raíces extendiéndose de los pies hasta la tierra, ayuda a crear una base estable. En este estado, la mente se vuelve calma, el espíritu abierto y la energía armoniosa, lista para recibir e interactuar con el reino feérico. Las hadas, sintiendo esta alineación intencional, son atraídas no solo por los preparativos físicos, sino también por la energía consciente del practicante. De esta forma, toda la preparación se convierte en una ofrenda sagrada, una puerta de entrada que acoge a las hadas para unirse al ritual en unidad y confianza.

Al alinear el ritual con la intención y los propios ritmos de la naturaleza, el practicante entra en una danza con las hadas, donde cada movimiento y cada gesto reverbera con un propósito. El altar, cuidadosamente organizado y consagrado, se convierte en un portal, un espacio energético donde humanos y hadas pueden encontrarse. Cada objeto sobre él carga la intención establecida, cada símbolo un punto de conexión con lo invisible. A medida que el practicante se para delante de este altar, enraizado y alineado con los ritmos naturales, el límite entre los mundos se suaviza, creando un espacio donde la comunicación con las hadas fluye perfectamente.

En estos momentos, los preparativos revelan su significado más profundo - no son meros actos realizados para impresionar o apaciguar, sino gestos profundos de respeto y armonía. Las hadas, percibiendo la sinceridad en estos preparativos, responden no solo con presencia, sino con un propósito compartido, entrando en el espacio como aliadas, guías y maestras. Todo el ritual, nacido de esta preparación, se convierte en una danza de energías, un momento donde los límites entre humanos y hadas se disuelven en respeto compartido por la sacralidad de la naturaleza.

A medida que la conexión con las hadas se profundiza a través de esta preparación dedicada, la relación se transforma en una verdadera asociación. El espacio ritual, cargado de energía intencional y alineado con los ciclos de la naturaleza, se convierte en un lugar de creación compartida, donde hadas y humanos trabajan juntos. Y a través de esta colaboración, el practicante comienza a ver el ritual no como un mero acto, sino como una práctica viva, que refleja el flujo armonioso de la propia vida - un recordatorio de que, al honrar a las hadas, también honramos la interconexión de todos los seres.

# Capítulo 5
# Invocación de Hadas

Invocar hadas es adentrarse en un reino de comunicación intencional, un acto delicado y profundo que invita a estos seres elementales a unirse al ritual. A diferencia de las interacciones humanas, invocar hadas requiere un enfoque intuitivo, donde las palabras llevan no solo significados, sino vibraciones alineadas con respeto y claridad. Las hadas responden a la pureza de la intención y a aquellos que se acercan con humildad, honrando su antigua presencia como guardianas del misterio de la naturaleza. Esta invocación no es una exigencia; es una petición gentil, una llamada respetuosa que abre un canal entre los reinos, invitando a las hadas a compartir su sabiduría y energía.

Antes de pronunciar las palabras de invocación, es esencial aquietar la mente y definir una intención clara. Las hadas son perceptivas, sensibles a las emociones y energías subyacentes entrelazadas en el ritual. Ellas responden a aquellos que vienen no solo por curiosidad, sino por un deseo genuino de conectarse, aprender y trabajar en armonía con las fuerzas de la naturaleza. Así, prepararse con atención plena garantiza que la invocación resuene profundamente, convirtiéndose en un faro que las hadas pueden sentir y confiar.

Una frase o conjunto de palabras elegido para la invocación debe ser simple, pero intencional, elaborado para honrar a las hadas mientras expresa el propósito del ritual. Frases como: "Guardianes del mundo natural, espíritus de la tierra, agua, fuego y aire, invito su presencia en paz y armonía", sirven como una llamada abierta y humilde. Estas palabras no mandan; ellas gentilmente abren una puerta, señalando a las hadas que su presencia es invitada y apreciada. También se puede personalizar la invocación basándose en el elemento asociado a las hadas que están siendo llamadas, reconociendo sus cualidades y roles únicos. Una invocación a las hadas de la tierra, por ejemplo, puede hacer referencia a su fuerza y naturaleza de enraizamiento, mientras que una llamada a las hadas del agua puede invitar su presencia calmante y fluida.

Aunque las palabras tienen peso, la energía detrás de ellas es igualmente esencial. Hablar con el corazón y permitir que cada palabra lleve sinceridad imbuye la invocación con una frecuencia por la cual las hadas son atraídas. Al hablar, es útil enfocarse no solo en las palabras en sí, sino en los sentimientos que evocan - sentimientos de gratitud, respeto y admiración. Estas emociones, cuando entrelazadas en la invocación, crean una vibración que las hadas reconocen como genuina, invitándolas a responder de la misma forma.

Una vez que la invocación es proferida, el silencio sigue, creando espacio para que la presencia de las hadas se revele. Esta pausa es una parte vital de la invocación, pues señala apertura para recibir en lugar de controlar el resultado. En este silencio, la mente permanece quieta, el corazón receptivo, sintonizándose con cualquier cambio sutil en la energía que pueda indicar una respuesta. Un calor repentino, una sensación de ligereza o un sonido inesperado pueden ser señales de que las hadas se han acercado, reconociendo la invitación con su presencia. Paciencia aquí es esencial; las hadas no responden a la urgencia, sino a la calma, consciencia centralizada, y a menudo se manifiestan de maneras delicadas y fugaces.

Además de la invocación hablada, pequeños gestos pueden reforzar la sinceridad de la llamada. Encender una vela, ofrecer una flor o colocar algunas gotas de agua en el suelo añade un componente físico a la invitación, enraizando la intención en acción. Las hadas reconocen estos gestos como señales de respeto, apreciando el tiempo y el cuidado tomados para crear un ambiente armonioso para la conexión. La llama de una vela, simbolizando el calor y la vitalidad del reino feérico, se convierte en un punto focal para la invocación, una representación pequeña, pero potente, de la energía compartida entre humanos y hadas.

A medida que la invocación toma forma, enraizarse en el espacio ritual aumenta la estabilidad de la conexión. Visualizar raíces extendiéndose del cuerpo hacia la tierra crea una base estable, enraizando la energía del practicante y anclando la invocación en la propia naturaleza. Esta práctica de enraizamiento no solo centra el yo, sino que también refleja la estabilidad que las hadas asocian a aquellos que trabajan respetuosamente con la naturaleza. Al alinear la propia energía con la tierra, la invocación resuena más profundamente, amplificando la llamada y creando un espacio seguro y armonioso que acoge la presencia de las hadas.

A lo largo de la invocación, es esencial mantener un espíritu de humildad. Invocar hadas no es un acto de control; es una llamada cooperativa, una invitación que reconoce a las hadas como seres antiguos y sabios. Esta mentalidad transforma la invocación de una mera petición en un acto sagrado de alineación, un reconocimiento de que las hadas, como guardianas de la naturaleza, eligen responder solo a aquellos que se acercan con reverencia. Mantener este respeto en el corazón fortalece el vínculo, pues las hadas son naturalmente atraídas por individuos que honran su rol dentro del ciclo mayor de la vida.

Al completar la invocación, un sentimiento de gratitud sirve como la palabra final y silenciosa. La gratitud reconoce tanto la posibilidad de conexión como la presencia de las hadas, incluso si ellas eligen no aparecer de maneras tangibles. Expresar agradecimiento al final de la invocación, en voz alta o internamente, significa que el practicante valoriza la sabiduría y la energía de las hadas, independientemente de la forma que su respuesta tome. Esta gratitud forma un cierre gentil, un homenaje a la autonomía de las hadas y una apreciación por su orientación potencial.

La invocación, aunque simple, es profunda. Es un acto silencioso de fe, un extender la mano a través de la frontera entre los reinos con las manos abiertas y el corazón abierto. Las hadas, percibiendo la pureza de esta llamada, pueden acercarse, formando una asociación que da vida al ritual y lo infunde con una energía sagrada que solo puede surgir cuando humanos y hadas se unen en armonía. A través de este acto, se percibe que la invocación no es simplemente un ritual - es una danza compartida de intención y presencia, una invitación para entrar en el mundo atemporal de las hadas.

Una vez que la puerta al reino feérico ha sido respetuosamente abierta, la invocación se profundiza. Cada tipo de hada tiene su propia resonancia, respondiendo a diferentes palabras, tonos y ritmos que las convocan de sus respectivos elementos. Para cultivar una conexión armoniosa y duradera, los practicantes pueden recurrir a cantos, mantras o melodías suaves específicos que están finamente sintonizados con las frecuencias de cada tipo de hada. Estos sonidos sagrados van más allá de meras palabras, tocando la esencia del propio elemento, despertando una presencia que está más allá de la visión.

Al invocar hadas de la tierra, el tono del canto es lento, constante y rítmico, reflejando la energía de enraizamiento que ellas incorporan. Palabras simples, dichas con intención y repetición, crean una vibración que ecoa por el cuerpo y la tierra, formando un camino para las hadas de la tierra para acercarse. Un canto suave y bajo como "Enraizadas en la tierra, fuertes y sabias, guardianas de la piedra y del suelo, honro su presencia" carga una energía que resuena profundamente. Las palabras son secundarias a la sensación que inspiran; es la pulsación constante de la voz, como el latido de un tambor o el susurro de las hojas, que atrae a las hadas de la tierra hacia el espacio, invitándolas a unirse al ritual con su presencia firme y enraizadora.

Para las hadas del agua, que responden a la fluidez y gracia, la invocación asume una cualidad melódica, casi susurrante, como si fuera llevada por un arroyo suave. Las hadas del agua son atraídas por la suavidad, un tono gentil que refleja el flujo del agua. Cantar en un ritmo lento y ondulante crea una energía calmante que las invita a emerger. Palabras como "Flujo de la vida, puro y verdadero, hadas de los ríos, lagos y mares, invoco su esencia" pueden ser dichas de una forma que parezca el vaivén de un río, permitiendo que el ritmo se mueva naturalmente. Las hadas del agua responden a la invitación con señales sutiles - tal vez una brisa fresca, un hilo de agua débil cerca, o una sensación inconfundible de fluidez envolviendo el espacio.

La invocación para las hadas del fuego carga un tono más vivo y energético. Las hadas del fuego responden a la pasión, intensidad y calor, y resuenan con un canto claro y enfocado que inflama el ritual con una energía vibrante. Un mantra como "Centelleo de la llama, chispa de luz, hadas del fuego, honro su poder" es dicho con confianza y enfoque, cada palabra cargando un toque de poder. Las hadas del fuego responden a esta intensidad, a menudo revelando su presencia a través de un aumento repentino de calor, del centelleo de la llama de una vela o de una sensación de excitación y movimiento dentro del espacio. A través de esta invocación ardiente, se invoca a las hadas de la transformación, invitándolas a traer su luz y vitalidad al ritual.

Para las hadas del aire, la invocación debe ser ligera, rápida y fluida, reflejando su naturaleza etérea. Un canto para invitarlas puede ser más un susurro que una palabra hablada, una respiración que captura la libertad del cielo abierto. "Viento y brisa, puros y libres, hadas del aire, vengan a danzar conmigo" invita a estas hadas con una sensación de juego y apertura. Las hadas del aire son atraídas por una sensación de facilidad y fluidez, respondiendo a un tono que parece tan ligero como el propio viento. Su presencia puede ser sentida como una brisa suave repentina, una sensación de expansividad o incluso un sonido suave y fugaz que agita el aire.

Cada invocación, aunque única para el elemento, comparte una cualidad subyacente de respeto y apertura. Las palabras y tonos elegidos son elaborados no para exigir, sino para acoger, reconociendo a las hadas como aliadas y amigas en lugar de siervas. Al elegir palabras que honran sus cualidades, se cultiva un espíritu de asociación, un momento compartido donde las energías humanas y feéricas se alinean. Este respeto mutuo es la clave para una invocación exitosa; las hadas son sensibles a la intención y responden a aquellos que se acercan con un sentido genuino de reverencia.

Una vez que la invocación ha sido expresada, mantener un estado mental enfocado es esencial para profundizar la conexión. Las hadas son naturalmente atraídas por aquellos que están presentes en el momento, centrados en sí mismos y abiertos a las energías sutiles a su alrededor. Para aumentar este enfoque, se puede practicar la visualización, imaginando la presencia de las hadas como formas brillantes alrededor del espacio ritual, cada una incorporando la esencia de su elemento. Visualizando el calor del fuego, la frialdad del agua, el enraizamiento de la tierra y la ligereza del aire, se comienza a sentir un cambio en la atmósfera, una garantía silenciosa de que las hadas están próximas.

En momentos de fuerte sintonía, se puede descubrir que las hadas responden de maneras que parecen casi conversacionales. El centelleo de una vela, el susurro de las hojas o un cambio sutil en el aire pueden ser su manera de reconocer la invocación. Prestar mucha atención a estas señales refuerza la conexión, pues las hadas suelen comunicarse a través de sensaciones y símbolos en lugar de palabras. Una chispa en la vela puede sugerir su presencia, mientras que una brisa repentina puede indicar su aprobación. Estas señales, aunque sutiles, profundizan la relación, creando un diálogo silencioso donde las energías feéricas y humanas son compartidas.

A medida que la invocación llega a su fin natural, es esencial ofrecer gratitud, tanto en espíritu como en palabras. Las hadas resuenan con aquellos que honran su presencia, y una simple expresión de agradecimiento, hablada o silenciosa, sirve como un poderoso reconocimiento de la conexión formada. Una frase como "Gracias, espíritus de la tierra, agua, fuego y aire, por su presencia y orientación" completa la invocación, permitiendo que las energías se calmen. Esta gratitud forma un cierre respetuoso, señalando a las hadas que su presencia es apreciada, ya sea que elijan permanecer o retornar a su reino.

    A través de estas invocaciones, se aprende que la esencia de la conexión con las hadas está en el equilibrio y el respeto. Cada canto, cada palabra, es una nota en una canción que une mundos, resonando con un ritmo atemporal que las hadas reconocen instintivamente. La invocación se convierte en un arte, una práctica consciente donde cada sonido, cada intención, se alinea con los elementos, creando un canal a través del cual hadas y humanos pueden comunicarse. Esta conexión, una vez establecida, sirve como base para la jornada que tenemos por delante, cada invocación un paso adelante en el mundo misterioso y armonioso de las hadas.

# Capítulo 6
# Ritual de Curación

Dentro de la presencia etérea de las hadas reside un poderoso don: una energía curativa que, cuando se canaliza cuidadosamente, puede restaurar el equilibrio del cuerpo y del espíritu. Las hadas, sintonizadas con los ciclos y ritmos de la naturaleza, encarnan la sabiduría de la renovación y la transformación. Realizar un ritual de curación con su ayuda es invitar a estas fuerzas amables a fluir hacia espacios de desequilibrio, liberando tensiones, calmando emociones y promoviendo la armonía interior. Sin embargo, como en todo trabajo con hadas, la curación a través de ellas requiere una preparación cuidadosa, apertura y un espíritu sintonizado con los ciclos de la naturaleza.

El primer paso en un ritual de curación con hadas es establecer un espacio que acoja este trabajo. Como las hadas responden a ambientes de armonía y pureza, el espacio ritual debe reflejar estas cualidades. Se puede comenzar limpiando el área con hierbas como salvia, cedro o lavanda, creando una atmósfera que invite a la energía de las hadas a entrar libremente. El agua también juega un papel en esta preparación, pues un cuenco de agua fresca colocado en el espacio ritual sirve como un espejo, reflejando la intención de claridad y pureza. Estos elementos alinean el espacio con el reino de las hadas, formando un santuario donde su energía curativa puede fluir sin obstrucción.

Para canalizar la curación de las hadas, el practicante también debe prepararse internamente, centrando la mente y calmando el corazón. Esto se puede lograr a través de un simple ejercicio de enraizamiento. Visualizando raíces que se extienden desde los pies hasta la tierra, el practicante se apoya en la estabilidad y la fuerza de enraizamiento de la tierra. Al respirar, siente la energía de la tierra subir por el cuerpo, anclando el espíritu en el momento presente. Este estado de enraizamiento es esencial, ya que las energías curativas de las hadas responden mejor a un practicante que está totalmente presente, libre de la atracción de pensamientos dispersos o distracciones.

Con el espacio y el yo preparados, la siguiente fase es invitar a las energías específicas de las hadas asociadas con la curación. Las hadas de la tierra, con su esencia nutritiva, son frecuentemente invocadas para la curación física, ya que su conexión con el suelo, las plantas y las piedras se alinea con la propia necesidad de fuerza y resiliencia del cuerpo. Las hadas del agua, cuya energía fluye con intuición y emoción, son ideales para la curación emocional, calmando sentimientos profundos y liberando viejas heridas. Invitar a estas hadas al ritual se hace con una invocación amable, pronunciada con gratitud y claridad. Palabras como: "Hadas de la tierra y del agua, invito a vuestra presencia curativa a unirse a mí, para traer paz, fuerza y renovación" ofrecen un llamado respetuoso, estableciendo la intención para su ayuda.

El practicante, habiendo creado un espacio enraizado y acogedor, entonces inicia el ritual sintonizándose con su propia energía. Colocando las manos sobre el corazón o en áreas del cuerpo donde se desea la curación, el practicante invita a las hadas a canalizar su poder restaurador. Concentrándose en la sensación de calor o un hormigueo suave, el practicante se abre a la posibilidad de la presencia de las hadas, sintiendo su energía como un brillo suave, un peso reconfortante o una sensación de alivio y calma. Visualizando esta energía como una luz verde o azul, el practicante la imagina fluyendo por el cuerpo, disolviendo la tensión, liberando el dolor y restaurando el equilibrio. Esta visualización fortalece el vínculo con las hadas, a medida que su energía curativa es atraída hacia la alineación con los ritmos naturales del cuerpo.

Al trabajar con la energía curativa de las hadas, el papel de las plantas y hierbas asume un significado particular. Hierbas como la manzanilla, la menta y los pétalos de rosa son conocidas por sus propiedades calmantes y rejuvenecedoras, y su uso en el ritual amplifica la conexión con las hadas de la tierra. El practicante puede colocar estas hierbas alrededor del espacio ritual, quemarlas como incienso o preparar un té para beber antes del inicio del ritual. Cada hierba, elegida con intención, lleva una frecuencia única que las hadas reconocen, profundizando la resonancia entre hada y humano. Las hadas de la tierra y del agua, sintiendo la presencia de estas plantas, se acercan, prestando su energía curativa en armonía con la propia medicina de la naturaleza.

A medida que el ritual se desarrolla, el practicante también puede incorporar el tacto, el movimiento suave o la respiración para guiar la energía curativa por todo el cuerpo. Cada respiración se convierte en un canal, atrayendo la esencia de las hadas y haciéndola circular hacia las áreas necesitadas. Una técnica conocida como "respiración de hada" implica inhalar lentamente, imaginando la respiración como una ola de luz que esparce calor y facilidad con cada exhalación. Esta respiración no solo aumenta la energía curativa, sino que también refuerza la sensación de unidad con las hadas, cuya presencia se siente a menudo a través de cambios en el aire, la temperatura o sonidos sutiles.

A lo largo del ritual, es esencial mantener un sentido de apertura y confianza en la orientación de las hadas. Curar con hadas es un proceso intuitivo, que se desarrolla naturalmente sin fuerza. Las hadas pueden llevar al practicante a mover las manos a diferentes áreas, hacer una pausa en la quietud o cerrar los ojos y simplemente escuchar. Al confiar en estos impulsos, el practicante permite que las hadas guíen el flujo de energía, moldeando el ritual para que coincida con su sabiduría y percepción.

Cerrar el ritual implica un gesto de gratitud, reconociendo tanto a las hadas como la energía curativa que se ha compartido. Esta gratitud puede expresarse con una frase simple: "Gracias, hadas de la tierra y del agua, por vuestra presencia y curación". También se puede dejar una pequeña ofrenda (pétalos de flores, una piedra o unas gotas de agua) devolviendo un símbolo de aprecio a la naturaleza. Este acto de gratitud completa el ciclo de energía, afirmando que la curación es un don compartido, que honra tanto al dador como al receptor.

En el silencio amable que sigue, el practicante puede descubrir que la energía de las hadas permanece, una garantía silenciosa de su presencia continua. Esta experiencia de curación con hadas sirve como un recordatorio de la resiliencia de la naturaleza, de la capacidad del cuerpo para curarse en armonía con el mundo natural. A través de este ritual, el practicante no solo ha recibido la ayuda de las hadas, sino que ha profundizado una conexión que continúa nutriendo y apoyando mucho después de que el ritual haya terminado.

Así, el ritual de curación se convierte en un intercambio sagrado, una asociación entre humano y hada, donde energía, intención y respeto crean un espacio para una transformación profunda. Cada paso, desde la preparación hasta la gratitud, refleja la comprensión de que la curación fluye mejor cuando se alinea con los ciclos y espíritus de la naturaleza. En este viaje compartido, las energías de las hadas y de los humanos se mezclan, revelando que la verdadera curación es un equilibrio entre cuerpo, espíritu y las fuerzas invisibles que nos sostienen en cada momento.

A medida que las etapas iniciales del ritual de curación se desarrollan, las energías se profundizan, tejiendo la presencia de las hadas con las intenciones del practicante. La energía dentro del espacio se vuelve viva, receptiva y lista para apoyar al cuerpo y al espíritu a través de canales más profundos de renovación. Aquí, el ritual se expande desde sus etapas iniciales hacia un acto profundo de comunión con las hadas, donde la visualización y las técnicas de respiración guían la energía y abren un camino para la curación profunda.

En esta fase, la visualización se convierte en un puente activo, enfocando la mente y el espíritu en la energía de las hadas ahora presente. El practicante puede comenzar imaginando una luz suave y luminosa que lo envuelve, una luz que resuena con el color de los elementos que se están canalizando para la curación. Las hadas de la tierra pueden manifestarse como un brillo verde cálido o marrón terroso, simbolizando estabilidad y fuerza fundamentadas, mientras que las hadas del agua traen tonos de azul o plata, representando equilibrio emocional y fluidez. Esta luz forma un capullo, una esfera energética que envuelve y protege, rodeando al practicante con la presencia de apoyo y curación de las hadas.

A medida que esta visualización se fortalece, el practicante puede sentir cambios sutiles en la sensación: un calor interior, un hormigueo o una profunda sensación de calma. Estas son indicaciones de que la energía de las hadas está comenzando a interactuar con el propio sistema energético del cuerpo, alineándose y sintonizándose con áreas de tensión, fatiga o desequilibrio. En este estado, el practicante se abre totalmente, permitiendo que la energía curativa se mueva hacia donde más se necesita, ya sea a una parte específica del cuerpo, un bloqueo emocional o un sentimiento general de estrés. Cada sensación es recibida sin resistencia, ya que las hadas, sensibles a la energía de aceptación, canalizan su curación más fácilmente cuando el espíritu está abierto y receptivo.

La respiración aumenta aún más esta conexión, actuando como un ritmo que guía y estabiliza la energía interior. Cada inhalación atrae la esencia de las hadas, llenando al practicante con una sensación renovada de vitalidad, mientras que cada exhalación libera lo que ya no es necesario, creando espacio para que la curación se arraigue. Una técnica conocida como "respiración elemental" puede profundizar esta práctica. En la respiración elemental, el practicante visualiza la inhalación a través de los colores asociados con los elementos de las hadas (respirando verde para tierra, azul para agua, rojo para fuego o blanco para aire) y sintiendo la energía correspondiente entrar y fluir por el cuerpo. Con cada respiración, la energía de las hadas se alinea más íntimamente, apoyando los ciclos naturales de equilibrio y liberación del cuerpo.

A medida que esta respiración continúa, el practicante puede experimentar destellos de insight o sentimientos que salen a la superficie. En la curación con hadas, la energía emocional generalmente emerge de maneras sutiles, ya que las hadas alientan la liberación suave de viejas memorias, emociones o patrones que ya no sirven al bienestar. En estos momentos, la energía puede sentirse reconfortante y reveladora, como si fuera guiada por una presencia sabia que sabe exactamente dónde se necesita más la curación. Las hadas, siempre sintonizadas con las sutilezas del alma, guían este proceso, invitando al practicante a reconocer y liberar suavemente estas viejas energías.

Para anclar esta energía, el practicante puede participar en movimientos suaves, tocando áreas del cuerpo que se sienten tensas o bloqueadas, reconociéndolas con compasión. Al colocar las manos sobre el corazón o sobre el abdomen, por ejemplo, el practicante crea un punto adicional de enfoque, señalando a las hadas dónde se pretende la curación. Este contacto físico, combinado con la energía de las hadas, aumenta el efecto del ritual, formando un recordatorio táctil de que la curación abarca los cuerpos físico y energético.

A medida que las energías curativas se profundizan, las señales de respuesta de las hadas pueden volverse aparentes. Se puede sentir una quietud repentina, como si el propio aire estuviera conteniendo la respiración, o un ligero cambio en la luz, como si las propias hadas estuvieran reconociendo la alineación alcanzada. Estos son mensajes sutiles, señales de que las hadas reconocen la conexión y que su presencia curativa fluye en sincronía con la energía del practicante. Aunque las hadas rara vez se comunican de forma directa, estos cambios delicados significan su aprobación y compromiso, una confirmación de que el ritual está en equilibrio con el mundo natural.

Cerrar el ritual con respeto y gratitud es tan esencial como la propia invocación. A medida que el proceso de curación llega a una conclusión natural, el practicante puede visualizar la energía de las hadas siendo liberada suavemente, agradeciendo la presencia y ayuda de estos seres. Una frase suave, como "Gracias, hadas de la curación y del equilibrio, por vuestro don y guía", sirve como reconocimiento y despedida. Para honrar su apoyo, se puede colocar una pequeña ofrenda en el altar o dejarla al aire libre (algunas flores, un cristal o una pizca de hierbas frescas) como un gesto de reciprocidad.

Una visualización final cierra el ritual, sellando la energía curativa interiormente. El practicante puede imaginar la luz que lo rodea fusionándose lentamente en su propia aura, convirtiéndose en parte de su campo de energía personal, llevando la energía de las hadas incluso cuando las propias hadas se retiran. Esta visualización solidifica la curación recibida, incentivándola a integrarse en el cuerpo y en el espíritu, aumentando los efectos duraderos del ritual. El espacio regresa gradualmente a un estado de calma y paz, lleno de una sensación de conclusión y renovación.

En los días siguientes, se pueden notar cambios sutiles en el bienestar: una sensación renovada de calma, facilidad física o incluso una ligereza emocional que emerge gradualmente. Esta es la energía de las hadas continuando su trabajo, un recordatorio gentil de que la curación no se limita a un solo momento, sino que es un viaje continuo. Las hadas, con su conexión con los ciclos de la naturaleza, entienden que la curación ocurre en fases, desplegándose en silencio, así como las semillas brotan y crecen con el tiempo. Este efecto prolongado sirve como un testimonio del vínculo formado en el ritual, una bendición continua que las hadas dejan atrás, apoyando al practicante mucho después de que el ritual haya terminado.

A través de este ritual, se experimenta no solo el toque curativo de las hadas, sino también un recordatorio profundo de la sabiduría y la gentileza inherentes a la naturaleza. El ritual de curación se convierte en más que un momento de alivio; se transforma en una relación viva con las hadas, un camino donde el practicante y el hada comparten el ciclo sagrado de crecimiento, liberación y renovación. En esta comunión, las fronteras entre humano y hada, curador y curado, comienzan a disolverse, dejando una armonía profunda y duradera que resuena en el espíritu y en la naturaleza.

# Capítulo 7
# Ritual de Protección

Invitar a las hadas al papel de protectoras es invocar energías que guardan, nutren y mantienen el equilibrio sagrado dentro del espacio y del espíritu de alguien. Las hadas, siempre sensibles a las necesidades del mundo natural, traen su propia sabiduría y energía a la creación de barreras protectoras que protegen contra fuerzas perturbadoras. Al invocar su guía, el practicante se alinea no solo con la fuerza de las hadas, sino también con las energías sutiles de la naturaleza que refuerzan los límites en los reinos visibles e invisibles. El ritual de protección con hadas sirve como un escudo, una forma de crear armonía invitando a su presencia vigilante para alejar la negatividad.

Las etapas iniciales de un ritual de protección comienzan, como siempre, con la preparación intencional del practicante y del entorno. El espacio debe ser cuidadosamente limpiado y centrado, libre de distracciones o energías remanentes que puedan afectar la claridad del ritual. Hierbas con cualidades protectoras, como romero, salvia o albahaca, son excelentes aliadas en esta fase, y su humo o aroma purifican el aire, creando un ambiente que invita solo a energías positivas y equilibradas. Las hadas son atraídas por espacios que resuenan con claridad, y esta limpieza asegura que las energías en el espacio ritual sean armoniosas, conectando el área como un santuario.

La elección de objetos simbólicos para la protección es un componente esencial del ritual. Cristales, símbolos y plantas específicas actúan como recordatorios físicos de la presencia de las hadas y canales a través de los cuales su energía protectora puede fluir. La turmalina negra, por ejemplo, ha sido valorada durante mucho tiempo por sus propiedades de conexión a tierra y protección, convirtiéndose en un cristal favorito en los rituales de protección de hadas. Al colocarla cerca de puertas o ventanas o sostenerla en la mano durante el ritual, se establece un límite que fortalece el espacio físico e invoca a las hadas para apoyar esta barrera. Del mismo modo, la hiedra, con su naturaleza duradera y resiliente, puede ser tejida en un amuleto protector o colocada en el espacio, representando el abrazo protector del hada.

Una vez que el espacio está listo, el practicante entra en un estado de enfoque silencioso, conectándose a tierra con respiraciones profundas, conectándose a la tierra abajo y al cielo arriba. Esta conexión a tierra centra el espíritu y despeja la mente, creando una base estable sobre la cual se desarrollará el ritual de protección. Visualizar raíces desde los pies alcanzando profundamente la tierra permite que uno se conecte con las hadas de la tierra, cuyas energías estabilizadoras confieren fuerza y resistencia al ritual. A medida que la respiración fluye, el practicante atrae esta energía de conexión a tierra, sintiendo su peso y presencia por todo el cuerpo, anclándolo firmemente en el momento.

Luego, el practicante hace una invocación simple, invitando a las hadas de la protección a unirse a esta tarea sagrada. Palabras como: "Hadas de la fuerza y de la guardia, invito a su presencia, para vigilar este espacio, para crear una barrera de armonía y seguridad", crean una atmósfera de respeto y alineación. Esta invocación no es una exigencia; es un llamado respetuoso que señala la apertura del practicante a la guía y la colaboración de las hadas. Las hadas, sintiendo esta intención genuina, responden de maneras sutiles, su energía entrelazada en el aire, conectando el espacio en protección.

El enfoque luego cambia a la creación de una barrera de energía, un escudo formado por la visualización y la energía de las hadas. El practicante puede comenzar imaginando una luz suave, pero resiliente, un brillo gentil que emerge desde adentro y se expande hacia afuera, formando una esfera de protección alrededor del espacio. Esta luz, infundida con la esencia de las hadas de la tierra, se siente fuerte, pero gentil, como las raíces de un árbol que penetra profundamente en el suelo. Visualizando esta luz expandiéndose, toma la forma de un escudo energético, abarcando toda el área, un velo a través del cual solo las energías armoniosas pueden pasar. Esta visualización sirve como un canal, un medio por el cual las hadas prestan su fuerza para fortalecer el límite, envolviendo el espacio en su presencia protectora.

Para profundizar esta barrera, los símbolos de protección se activan dentro del espacio. Colocar símbolos, como un pequeño círculo de piedras o un amuleto hecho de hilo, junto con objetos naturales que llevan la energía de las hadas, construye una contraparte física para el escudo energético. Estos símbolos se colocan con cuidado alrededor del perímetro del área ritual o en puntos específicos como entradas o ventanas, y cada uno es consagrado con un toque suave o una intención susurrada. El practicante puede decir: "Con esta piedra, honro su fuerza. Que permanezca como un guardián, un símbolo de protección." Cada objeto colocado fortalece la estructura energética, cada toque aumenta la implicación de las hadas y reconoce su papel en el ritual.

Un aspecto integral del ritual de protección es el establecimiento de un límite mental. Este acto interno refleja las protecciones externas y crea un equilibrio entre los mundos externo e interno. Al visualizar una mente calma y resiliente, se refuerza la idea de que la protección comienza desde adentro. Este límite interno significa el propio papel del practicante en el ritual, reconociendo que, aunque las hadas proporcionan guía y fuerza, la intención enfocada del practicante completa el escudo protector. Una afirmación simple, como "Estoy conectado a tierra, estoy seguro, estoy rodeado por la protección de las hadas", actúa como un sello, creando una estructura mental que aumenta la fuerza de la energía del ritual.

Para concluir, un gesto de gratitud cierra el ritual. Agradecer a las hadas por su presencia y protección reconoce su papel y respeta su elección de ayudar. Palabras de gratitud, como "Gracias, guardianes de este espacio, por su fuerza y guía", honran la relación formada, recordando al practicante que la protección no solo se recibe, sino que se comparte. Una pequeña ofrenda, como colocar una flor, un puñado de hierbas o unas gotas de agua cerca de la entrada del espacio, significa esta gratitud. Las hadas reconocen y aprecian tales ofrendas, ya que estos gestos simples de respeto reafirman el compromiso del practicante con la armonía.

A medida que el ritual termina, una sensación de calma y seguridad puede llenar el espacio. Las energías protectoras, apoyadas por las hadas, continuarán flotando, creando una sensación de estabilidad y resiliencia. Este ritual sirve no solo para proteger el entorno físico, sino también para fortalecer el vínculo entre hada y humano, uniendo a ambos en el compromiso compartido de mantener un espacio equilibrado y seguro. La barrera protectora, tanto física como energética, perdura como un recordatorio de que el propio espíritu es un espacio sagrado, protegido por las hadas y fundamentado en la fuerza atemporal de la naturaleza.

Con las energías protectoras establecidas en el ritual inicial, el enfoque ahora se centra en reforzar, profundizar y mantener esta barrera a lo largo del tiempo. La conexión entre el practicante y las hadas se fortalece con cada gesto de respeto, con cada intención enfocada. Las hadas son seres que se mueven naturalmente a través de ciclos y ritmos, y guían a aquellos que buscan protección para hacer lo mismo, enseñando que la verdadera protección no es estática, sino una energía dinámica y en evolución. Al aprender técnicas para fortalecer, sellar y renovar el límite protector, el practicante crea un escudo duradero y armonioso que perdura a través de las energías cambiantes de la vida.

Para sellar la barrera protectora, la concentración y la conexión a tierra son esenciales. Las hadas responden más poderosamente a aquellos que se acercan a ellas con intención centralizada y, por lo tanto, enfocarse totalmente en el espacio protector es el primer paso. El practicante comienza colocando las manos en la tierra o en un objeto de conexión a tierra elegido, permitiendo que cualquier pensamiento disperso o distracción desaparezca. Cerrando los ojos, visualiza raíces extendiéndose profundamente en el suelo, anclando el yo y absorbiendo la fuerza de la tierra abajo. Esta conexión a tierra ancla la energía del practicante dentro del espacio, reforzando la estabilidad y creando una conexión con la que las hadas se alinean naturalmente.

A medida que la energía se profundiza, el practicante puede usar una técnica conocida como "sellado de círculo" para encapsular la protección. Esto implica moverse en el sentido de las agujas del reloj alrededor del perímetro del espacio, física o mentalmente, trazando una línea invisible que completa un círculo de fuerza. Mientras se mueve, el practicante puede entonar una frase que contiene poder protector, como: "Círculo de luz, fuerte y brillante, protege este espacio día y noche". Esta frase, dicha rítmicamente, crea una frecuencia que resuena con las hadas, sellando el límite con intención y reverencia. Este movimiento circular representa un ciclo, simbolizando una conexión ininterrumpida con el reino de las hadas, que prestan su fuerza para proteger el espacio.

Conectar a tierra esta barrera con objetos específicos solidifica aún más las energías protectoras. Pequeñas piedras o cristales, elegidos por su alineación con la protección, pueden ser colocados en cada punto cardinal: norte, sur, este y oeste. Cada piedra es consagrada con un toque o palabra hablada, como: "En esta dirección, invoco la protección", y representa un pilar de fuerza. Norte, a menudo ligado a la tierra, simboliza estabilidad; sur, alineado con el fuego, representa coraje; este, la dirección del aire, trae claridad; y oeste, asociado con el agua, ofrece paz emocional. Las hadas, sintonizadas con estas direcciones elementales, sienten esta alineación y prestan su energía para reforzar el escudo.

Para renovar y mantener la barrera, la atención periódica es esencial, ya que las hadas responden bien a los rituales que respetan los ciclos naturales. Una práctica semanal o mensual, adaptada a las necesidades del practicante, fortalece la conexión de las hadas con el espacio y refuerza su presencia. Esto puede ser tan simple como encender una vela y ofrecer palabras de gratitud, o colocar una flor fresca en el altar para simbolizar armonía y protección. Las hadas son naturalmente atraídas por estos pequeños actos, reconociendo la intención del practicante de honrar el espacio continuamente. Estos gestos renuevan el límite protector, asegurando que permanezca vibrante y activo.

Además de los objetos físicos, la visualización y la respiración desempeñan un papel central en el mantenimiento de la protección. El practicante puede tomarse un tiempo cada día para sentarse en silencio dentro del espacio, respirando lentamente y visualizando la luz protectora a su alrededor. Imaginando esta luz como un velo fuerte y brillante, el practicante la visualiza pulsando suavemente con cada respiración, renovando su fuerza. Inhalando, el practicante atrae energía de las hadas a la esfera protectora; exhalando, libera cualquier perturbación o energía negativa que pueda haberse acumulado dentro. Esta práctica no solo refuerza la barrera, sino que también mantiene la propia energía del practicante equilibrada y resiliente, armonizada con la presencia de las hadas.

Con el tiempo, el practicante puede desarrollar un sentido intuitivo para los cambios en la energía, sintiendo cuándo el límite necesita refuerzo o renovación. Las hadas, siempre sensibles a las energías, a menudo comunican pistas sutiles cuando los ajustes son necesarios, tal vez a través de una vela parpadeante, una brisa fresca inesperada o una sensación de inquietud dentro del espacio. Prestar atención a estas señales permite que el practicante ajuste el ritual de acuerdo con la guía de las hadas, manteniendo la fuerza de la protección en armonía con las energías naturales. Esta colaboración intuitiva con las hadas es una práctica viva y en evolución, moldeada tanto por la conciencia del practicante como por la sabiduría de las hadas.

Detectar la aproximación de energías negativas o perturbadoras es una habilidad que las hadas pueden ayudar a cultivar. Con su guía, el practicante aprende a reconocer pequeños cambios en la atmósfera, sensaciones que indican desequilibrios o intrusiones dentro del espacio. Por ejemplo, una pesadez repentina, una sensación de inquietud o falta de flujo de aire pueden indicar la necesidad de atención inmediata. En estos momentos, las hadas alientan prácticas de conexión a tierra para limpiar la energía, como el uso de sal en los puntos de entrada o rociar agua de lavanda alrededor del espacio. Estas acciones neutralizan las perturbaciones, reforzando el límite y, al mismo tiempo, respetando los ciclos de renovación que las hadas valoran.

Las hadas también guían a los practicantes en el uso de rituales de conexión a tierra para disipar las energías no deseadas remanentes. Uno de estos métodos implica estar de pie dentro del espacio y visualizar una cascada de luz descendiendo desde arriba, bañando el cuerpo y la habitación. Esta luz limpia cualquier energía residual, llevándola a la tierra, donde se transforma y purifica. A medida que esta visualización se desarrolla, se puede decir: "Con esta luz, todo lo que no sirve será limpiado y renovado". Las hadas, atraídas por tales gestos, prestan su energía para la limpieza, asegurando que el espacio permanezca claro y armonioso, un santuario de paz y protección.

El ritual termina con una expresión de gratitud, señalizando respeto y aprecio por la protección continua de las hadas. Una frase como "Gracias, hadas de la protección, por su fuerza y guía" reconoce su presencia y refuerza el vínculo entre los reinos. Una pequeña ofrenda, una pizca de agua, un puñado de flores silvestres o una pluma, puede ser dejada en el borde del espacio o colocada en el altar como un acto final de agradecimiento. Las hadas reciben estos gestos con cariño, reconociendo el respeto que está detrás de la colaboración protectora.

En el silencio que sigue, una profunda sensación de paz generalmente llena el espacio. La barrera protectora, ahora fuerte y resiliente, representa la cooperación entre humanos y hadas, un compromiso compartido de mantener el equilibrio y proteger contra el daño. A través de este ritual, el practicante no solo protege su entorno físico, sino que también fortalece su propia resiliencia interior, aprendiendo de las hadas cómo cultivar la paz frente al cambio.

Este ritual de protección extendido se convierte en un viaje en armonía con la naturaleza, donde las hadas actúan como guardianas y guías, mostrando que la verdadera protección es un equilibrio de conciencia, respeto y reciprocidad. Cada acto, desde encender una vela hasta colocar una piedra, honra las energías ancestrales que impregnan todas las cosas, formando un santuario de seguridad y calma duraderas.

# Capítulo 8
# Ritual de Prosperidad

Invitar a las hadas a un ritual de prosperidad es un acto de acoger la abundancia, no solo como riqueza material, sino como un flujo holístico de oportunidades, bienestar y armonía. Las hadas, guardianas de los ciclos de la naturaleza, entienden la abundancia como algo que surge naturalmente cuando se honra el equilibrio y las intenciones se alinean con el bien de todos. Atraer la prosperidad con su guía es entrar en el ritmo de crecimiento y realización de la naturaleza, permitiendo que las oportunidades se desarrollen con confianza y respeto. El ritual de prosperidad, por lo tanto, se convierte en una petición armoniosa para recibir, compartir y nutrir la abundancia con un corazón alineado con la sabiduría de las hadas.

Para comenzar, el espacio ritual se prepara cuidadosamente para reflejar las cualidades asociadas a la prosperidad: apertura, luz y los símbolos de la abundancia natural. Objetos asociados al crecimiento – flores, hierbas y cristales – se convierten en aliados poderosos, creando una atmósfera que tanto las hadas como el practicante pueden sentir. Flores doradas o amarillas, como caléndulas o girasoles, aportan una sensación de calor y energía radiante al ritual, simbolizando la influencia nutritiva del sol sobre toda la vida. Ramas de albahaca, menta o canela, conocidas por su asociación con la prosperidad, pueden colocarse en el altar o en pequeños cuencos alrededor del espacio, sus aromas mezclándose para invitar a la energía positiva y abundante.

Los cristales amplifican esta energía, cada uno con su propia resonancia que se alinea con la prosperidad. El citrino, a menudo considerado una piedra de la abundancia, irradia una energía vibrante que las hadas reconocen como un símbolo de crecimiento y alegría. La aventurina, otro cristal favorecido, contiene la esencia de la oportunidad, guiando las intenciones con claridad y confianza. Estas piedras, colocadas cuidadosamente en el espacio ritual, sirven como puntos focales para la energía de las hadas, invitándolas a bendecir el ritual con los mismos ciclos naturales de florecimiento que sustentan en el mundo a su alrededor.

Para realzar aún más el espacio, se puede encender una única vela verde o dorada, representando la intención de prosperidad. Mientras la llama de la vela parpadea, el practicante la visualiza como un faro, invocando a las hadas asociadas a la abundancia. Esta llama, infundida con la energía del practicante, actúa como un símbolo de luz, crecimiento y fuerza vital que sustenta la prosperidad. Con cada respiración, la llama crece en significado, convirtiéndose en un elemento central del ritual en el que tanto las hadas como el practicante se concentran, pues su calor y brillo simbolizan la prosperidad que fluirá hacia la vida.

Una vez que el espacio está preparado, el practicante se enraíza por medio de un simple ejercicio de respiración, inhalando profundamente y exhalando cualquier tensión o limitación que pueda oscurecer la intención. Las hadas son naturalmente sensibles a la claridad de espíritu, y este proceso de enraizamiento asegura que la energía del practicante resuene con sinceridad y apertura. Con cada respiración, se siente una conexión mayor con la tierra debajo y los ciclos naturales que sustentan la vida y el crecimiento. Esta alineación crea un terreno fértil sobre el cual las intenciones pueden ser plantadas, como semillas en un jardín, listas para florecer con cuidado y atención.

La invocación se pronuncia entonces, un llamado respetuoso que invita a las hadas a traer su guía y bendición al ritual. Una frase simple, como "Hadas de la abundancia y el crecimiento, invito a su presencia con gratitud y confianza", señala la disposición del practicante a entrar en esta asociación. Las hadas responden a tales llamados cuando están llenos de respeto y humildad, entendiendo que la intención del practicante es crear prosperidad no solo para sí mismo, sino para el bien mayor. Esta invocación cambia el ritual a un estado activo, un momento compartido donde la presencia de las hadas comienza a impregnar el espacio, prestando su energía para nutrir las semillas de la abundancia.

Con la presencia de las hadas invitada, el practicante define su intención de prosperidad. Esta intención es más potente cuando surge de un lugar de gratitud y claridad, reconociendo que la prosperidad abarca mucho más que la ganancia material. Al pronunciar la intención en voz alta, el practicante puede decir: "Que la abundancia fluya hacia mi vida tan libremente como la luz del sol sobre las hojas, nutriendo todo lo que emprendo y permitiéndome compartir libremente". La intención, dicha con convicción, se convierte en una declaración poderosa, alineándose con la propia comprensión de las hadas de la abundancia como un ciclo que beneficia a todos los que lo honran.

Una técnica de visualización llamada "Flor de la Prosperidad" guía entonces al practicante aún más. Sentado en silencio, se imagina a sí mismo como una planta enraizada profundamente en la tierra, nutrida por su fuerza y estabilidad. Con cada inspiración, visualiza la absorción de luz y calor de las hadas, como la luz del sol que hace que la planta crezca y florezca. Esta energía fluye desde la tierra y a través de las raíces, alcanzando el corazón y extendiéndose hacia afuera como ramas, simbolizando la diseminación de oportunidades, alegría y abundancia. Con cada respiración, la luz se hace más brillante, llenando el espacio e irradiando hacia afuera, llevando la intención de prosperidad al universo.

Para canalizar la energía de las hadas más directamente, el practicante también puede sostener un cristal, como citrino o aventurina, en la mano mientras visualiza. El cristal se convierte en un ancla, un recipiente que contiene la energía de la prosperidad y puede ser revisitado incluso después de que el ritual haya terminado. Al concentrarse en el calor y el peso del cristal, se conecta con la guía de las hadas y confía en el proceso de crecimiento que se desarrolla, como una semilla transformándose en una planta florecida. Este cristal puede mantenerse en el altar o llevarse consigo como un recordatorio de la bendición de las hadas y del compromiso de nutrir la prosperidad con atención.

Además de la visualización, una afirmación hablada refuerza la intención. Frases como "Estoy abierto a recibir abundancia en todas las formas" o "La prosperidad fluye hacia mí y a través de mí, enriqueciendo mi vida y la vida de los demás" llevan la energía de la convicción y la apertura. Las hadas, sintonizadas con la intención y la resonancia, sienten la claridad en estas palabras y fortalecen la conexión del practicante con el ciclo natural de dar y recibir. Esta afirmación solidifica el papel del practicante dentro del ritual, marcando una promesa de trabajar en armonía con las energías de las hadas y la prosperidad que ellas inspiran.

Cerrar el ritual con gratitud reconoce la presencia de las hadas y su ayuda para abrir el camino a la abundancia. Una frase suave, "Gracias, hadas del crecimiento y la prosperidad, por su presencia y su bendición", honra su guía y afirma la intención con respeto. Una pequeña ofrenda – quizás una flor, una pizca de semillas o unas gotas de agua – se deja como un símbolo de gratitud, devolviendo a la naturaleza una parte de lo que se ha solicitado. Esta ofrenda sirve como un acto recíproco, una forma de honrar el papel de las hadas en el apoyo a la abundancia, como el acto de devolver el alimento al suelo del que crece una planta.

En el silencio que sigue, la energía del ritual continúa fluyendo, un recordatorio sutil pero potente de que la prosperidad, como todos los ciclos naturales, se desarrolla con paciencia y cuidado. Las hadas, habiendo sentido el respeto y la gratitud del practicante, prestan su apoyo continuo, promoviendo una atmósfera de abundancia que trasciende el propio ritual. El espacio ritual permanece vibrante, lleno de la certeza silenciosa de que la prosperidad se manifestará, nutrida por la sabiduría de las hadas y la confianza del practicante en el flujo de la vida.

Por medio de este ritual de prosperidad, el practicante experimenta una asociación con las hadas que refleja los ritmos de la naturaleza – una danza de dar y recibir, de crecimiento y generosidad. Las hadas, siempre vigilantes y sabias, guían al buscador hacia la alineación con estos ritmos, enseñando que la verdadera prosperidad es recibida y compartida, enraizada en la gratitud y equilibrada por la intención consciente. En su presencia, el camino hacia la abundancia se vuelve claro, moldeado por el respeto a los ciclos de la naturaleza y a la magia que las hadas traen a los viajes más esenciales de la vida.

A medida que las energías de la prosperidad se instalan en el espacio ritual, el practicante y las hadas se embarcan en un viaje más profundo, uno que transforma la intención en manifestaciones tangibles. La prosperidad, en su verdadero sentido, se alinea no solo con el recibir, sino con el cultivo de una mentalidad de gratitud, confianza y equilibrio. Las hadas, siendo guardianas de los ciclos infinitos de la naturaleza, prestan su sabiduría para guiar al practicante en la creación de un flujo continuo de abundancia que enriquece la vida en varios niveles. A través de técnicas avanzadas de manifestación, visualización y señales de la presencia de las hadas, este ritual se convierte en una danza de armonización de las intenciones con los ritmos de la naturaleza.

Para comenzar, el practicante revisita su intención inicial, refinándola a través de la visualización para poner la energía en movimiento. Esta visualización va más allá de una simple imagen; se convierte en una experiencia sensorial que infunde vida al ritual. El practicante puede cerrar los ojos, visualizando un jardín repleto de flores vibrantes, frutas y luz solar, un símbolo de abundancia y prosperidad. Cada flor representa un aspecto de la prosperidad – salud, relaciones, creatividad u oportunidades – que el practicante desea nutrir. En este jardín de intenciones, las hadas se mueven como guardianas y cuidadoras, cuidando de cada flor, guiando la energía a medida que se enraíza y florece. La visualización entrelaza el deseo del practicante por la prosperidad con el papel de las hadas como guardianas del crecimiento y la transformación.

Con cada respiración, el practicante profundiza su conexión con las hadas y su jardín de abundancia. Esta técnica de respiración se llama "Respiración de la Prosperidad". Con cada inhalación, el practicante absorbe la sensación de vitalidad y realización, visualizando a las hadas mejorando cada aspecto de la prosperidad. Con cada exhalación, libera cualquier duda, miedo o limitación que pueda impedir el flujo de la abundancia. A medida que esta respiración continúa, una sensación de calor y ligereza llena el cuerpo, significando la alineación entre la intención del practicante y la energía de las hadas. Las hadas sienten esta alineación y responden, tejiendo su energía en el jardín visualizado, nutriendo las intenciones con el mismo cuidado que dedican al mundo natural.

Luego, para anclar la energía y llevar las intenciones a la forma tangible, el practicante emplea un ritual conocido como "Piedras de la Manifestación". Una selección de pequeñas piedras o cristales, como aventurina, citrino y jade verde, se organiza alrededor del espacio ritual, cada uno simbolizando un aspecto de la prosperidad. El practicante sostiene cada piedra, pronunciando una frase de afirmación específica para esa intención, como "Esta piedra representa creatividad abundante" o "Con esta piedra, invito a la estabilidad financiera". Al definir estas afirmaciones, cada piedra se convierte en un punto focal, una representación física de la prosperidad. Estas piedras son cargadas con la energía de las hadas y la intención enfocada del practicante, convirtiéndose en símbolos que pueden ser revisitados mucho después de que el ritual se haya completado.

Las hadas, atraídas por estos objetos de intención, prestan su presencia a las piedras, imbuyéndolas con la energía vibracional de la abundancia. Las piedras, ahora cargadas, actúan como conductores entre los reinos, cada una un recordatorio tangible de la asociación de las hadas en el viaje hacia la prosperidad. Colocar las piedras en un altar o llevarlas en la vida diaria sirve como un punto de contacto, una forma de mantener las intenciones vivas y apoyadas por la guía silenciosa de las hadas.

Además de las piedras, se introducen símbolos de gratitud para fortalecer el ritual. Como las hadas resuenan profundamente con la apreciación, las expresiones de gratitud amplifican el flujo de prosperidad. El practicante puede colocar un pequeño cuenco de granos o semillas, símbolo de nutrición y crecimiento, en el altar como una señal de agradecimiento por lo que ya ha recibido. Esta ofrenda se convierte en un reconocimiento de que la prosperidad, tanto dada como recibida, es un ciclo continuo. Las hadas sienten esta gratitud, entendiendo que el practicante honra el equilibrio de tomar y dar. Este acto de gratitud, tejido en el ritual, asegura que la energía de la abundancia permanezca sostenible, apoyada por un espíritu de generosidad.

Señales de respuesta de las hadas pueden ahora hacerse evidentes, sutiles pistas de que las intenciones están alineadas con el flujo de la naturaleza. Se puede notar un brillo repentino de luz, un calor tenue o una brisa suave moviéndose por el espacio, señales de que las hadas están guiando la energía del ritual. Las hadas se comunican en susurros y gestos, a menudo dejando atrás símbolos en la naturaleza para significar su aprobación. Después del ritual, el practicante puede notar pequeñas plumas, flores inesperadas o piedras llamando su atención, señales de hada que afirman la conexión establecida en el ritual, recordando al practicante que la prosperidad fluye en armonía con los dones de la naturaleza.

Para aterrizar el ritual e integrar la energía de las hadas, el practicante completa una visualización conocida como "Flujo de la Abundancia". En esta técnica, imagina un río suave fluyendo por su vida, llevando oportunidades, alegría y realización. Este río de abundancia se mueve libremente, nutrido por las hadas y el mundo natural, llenando cada rincón de la vida del practicante. Con cada respiración, el practicante se vuelve uno con este flujo, confiando en que la prosperidad llegará de muchas formas, cada una un regalo del mundo invisible. Esta visualización solidifica la creencia de que la prosperidad es una energía abierta y viva, guiada por las hadas y moldeada por las propias intenciones del practicante.

El acto final del ritual es liberar a las hadas con profunda gratitud, reconociendo su sabiduría y ayuda en la manifestación de la prosperidad. Una frase suave, como "Gracias, hadas de la abundancia, por su guía y generosidad", despide a las hadas con respeto, honrando su papel en el ritual. El practicante puede dejar una ofrenda de miel, flores o algunos granos cerca de un árbol o en el jardín como un último gesto de gratitud, devolviendo a la naturaleza una parte de lo que se ha recibido. Las hadas, sensibles a tales gestos, reconocen la sinceridad de la ofrenda, y su presencia permanece en el calor sutil del espacio ritual.

En los días y semanas que siguen, el practicante puede observar las maneras en que la prosperidad comienza a manifestarse, a veces de formas inesperadas o sutiles. Una oportunidad puede surgir, una idea creativa puede florecer o un momento de amabilidad puede crear una ola de positividad. Estas son señales de que la energía de las hadas continúa apoyando las intenciones del practicante, recordándole que la prosperidad fluye como un ciclo natural, mejor recibido con confianza y nutrido con gratitud. Esta conexión continua con las hadas enseña que la abundancia no es un evento único, sino una relación en evolución, una asociación que se profundiza a medida que uno permanece abierto a dar y recibir.

A través de este ritual, la prosperidad se convierte en un estado de ser, una conexión con las hadas que trasciende la riqueza material y abarca una vida de equilibrio, realización y gratitud. Las hadas, sabias en los caminos de los ciclos de la naturaleza, guían al practicante hacia una prosperidad sostenible, enraizada en el respeto por la tierra y por todos sus dones. Esta asociación revela la verdad más profunda de la abundancia, que es tejida a partir de la intención, la confianza y un viaje compartido con las fuerzas invisibles que nutren todas las cosas para el crecimiento.

# Capítulo 9
# Alineamiento con la Naturaleza

Conectarse con las hadas es sumergirse en los ritmos y ciclos de la naturaleza, pues estos seres son la esencia del propio mundo natural. Existen en cada estación, resuenan con el nacimiento y la puesta del sol, y se mueven con el fluir de los ríos y el crecimiento de los árboles. Así, alinearse con la naturaleza no es meramente un acto de observación; es una invitación a vivir en armonía con la tierra y todas sus criaturas. Al hacerlo, el practicante abre una puerta a una conexión más profunda con las hadas, abrazando un viaje compartido donde el respeto y la reciprocidad guían cada paso.

El primer paso en el alineamiento es cultivar la presencia en la naturaleza, permitiendo que cada caminata, cada momento al aire libre, se convierta en un ritual de conexión. Las hadas responden a aquellos que pisan suavemente, que caminan con conciencia, tratando cada hoja, piedra y gota de agua como sagradas. Al moverse por un bosque o a lo largo de un río, el practicante conscientemente calma la mente, dejando de lado las distracciones y, en su lugar, se concentra en cada sonido, olor y textura. Escuchar el viento a través de los árboles, sentir la tierra bajo los pies y observar las sutiles señales de vida sirven para sintonizar al practicante con el ritmo de la naturaleza. Esta presencia consciente atrae a las hadas, pues reconocen un corazón abierto al lenguaje del mundo natural.

Las prácticas de observación de la naturaleza son centrales para este alineamiento, invitando al practicante a notar patrones, ciclos y cambios sutiles en el paisaje. Al observar el comportamiento de plantas, animales y los elementos cambiantes, el practicante comienza a entender cómo las hadas viven dentro de estos ritmos. Los colores cambiantes de las hojas, el brotar de las flores y los ciclos de la luna llevan mensajes, ofreciendo una visión del mundo de las hadas. Las hadas están frecuentemente presentes en los bordes de estas transiciones, apareciendo al amanecer y al anochecer, durante las horas calmas entre el día y la noche, o en la primera floración de la primavera. Al sintonizarse con estos momentos, el practicante se vuelve consciente de los cambios sutiles que marcan la presencia e influencia de las hadas.

Las meditaciones al aire libre profundizan esta conexión, sirviendo como un puente entre los reinos físico y de las hadas. Una práctica simple es sentarse en silencio al lado de un árbol, cerrando los ojos y respirando en armonía con los sonidos de la naturaleza. Visualizar raíces extendiéndose desde el cuerpo de la persona hacia la tierra, conectándose con las raíces del árbol, trae una energía de enraizamiento que las hadas reconocen como un gesto de respeto y unión. Cada inspiración atrae la estabilidad de la tierra, mientras que cada expiración libera cualquier tensión o distracción persistente, creando un estado calmo y equilibrado que se alinea con la energía gentil de las hadas. En esta conciencia enraizada, se puede sentir un cambio suave - un soplo de aire fresco, un susurro débil o incluso una sensación interna de calor, todas señales sutiles de la presencia de las hadas.

Otra práctica, conocida como "Escuchar a la Tierra", invita al practicante a estar de pie o sentarse en un espacio natural y concentrarse en los sonidos que emergen. Este ejercicio no se trata solo de escuchar, sino de sintonizar las capas de sonido: el movimiento del viento, el llamado de los pájaros, el zumbido de los insectos, cada nota formando una sinfonía que las hadas habitan. Al entregarse totalmente a estos sonidos, el practicante cultiva una sensibilidad que resuena con la presencia de las hadas. Las hadas responden a esta escucha enfocada, a menudo dejando señales sutiles - una pluma, un destello de luz o un cambio suave en la brisa - como reconocimientos de la apertura del practicante para la conexión.

Para alinearse aún más con la naturaleza, el practicante observa los ciclos de las estaciones, cada una conteniendo energías únicas que reflejan las propias transiciones de las hadas. La primavera, un período de renovación, vibra con la energía de nuevos comienzos, invitando a las hadas asociadas al crecimiento y vitalidad a emerger. El verano, lleno de calor y abundancia, resuena con hadas de luz y alegría. El otoño, con sus hojas cayendo y aire frío, marca un período de liberación y transformación, atrayendo a hadas conectadas al cambio y la reflexión. El invierno, un período de quietud, invita a hadas que trabajan en silencio, incentivando la introspección y la conservación de energía. Abrazar estas energías estacionales alinea al practicante con los ritmos naturales de las hadas, promoviendo una relación que crece y cambia con cada ciclo.

Además de observar la naturaleza, crear ofrendas simples fortalece el vínculo con las hadas. Una ofrenda es un acto de gratitud, un pequeño gesto que reconoce la tutela de las hadas sobre la tierra. Colocar flores, hojas o algunos granos de comida sobre una piedra o en la base de un árbol envía un mensaje silencioso de respeto. Estas ofrendas, elegidas con atención, resuenan con la energía de las hadas, invitándolas a acercarse. A cambio, las hadas pueden dejar regalos sutiles - una pluma caída, una piedra única o una sensación inesperada de paz - señales de su apreciación y presencia.

Involucrarse en rituales que honran eventos naturales también alinea al practicante con las hadas. Observar los solsticios, equinoccios y fases de la luna pone a la persona en armonía con los ciclos que las propias hadas honran. Por ejemplo, durante la luna llena, las hadas de la intuición y de la luz interior están especialmente presentes, ofreciendo orientación para aquellos que buscan conexión. Crear un pequeño ritual - encender una vela, ofrecer agua o cantar suavemente bajo la luz de la luna - invita a la bendición de las hadas y afirma una reverencia compartida por los ritmos de la naturaleza.

A lo largo de este viaje de alineamiento, la paciencia es esencial. Las hadas se revelan solo gradualmente, atraídas por aquellos que muestran respeto a través de acciones en lugar de expectativas. El alineamiento con la naturaleza es un compromiso, una práctica que crece con el tiempo, marcada por momentos de conexión que se vuelven más ricos y profundos con cada interacción. Este proceso enseña que el alineamiento con la naturaleza y las hadas es menos sobre buscar y más sobre simplemente estar presente, abierto y dispuesto a aprender del mundo a nuestro alrededor.

A medida que el practicante continúa estas prácticas, puede notar un cambio en la percepción, una capacidad de sentir energías anteriormente ignoradas. Cada día pasado en alineamiento con la naturaleza trae una comprensión más profunda de la sabiduría silenciosa de las hadas y su papel como guardianas del equilibrio. Este alineamiento revela que la prosperidad, la protección y la paz fluyen naturalmente cuando se vive en armonía con los ciclos que las hadas aprecian y protegen.

Así, el viaje de alineamiento con la naturaleza se convierte en un camino de transformación. El practicante descubre que en cada hoja, brisa y estación reside una lección, un susurro de magia de las hadas que habla de equilibrio, resiliencia e interconexión. Las hadas, guardianas de esta sabiduría, guían al practicante hacia una vida donde cada momento se convierte en una celebración de la belleza de la naturaleza y una invitación a vivir con gratitud, humildad y armonía.

A medida que el viaje de alineamiento se profundiza, el practicante es llamado a ir más allá de la observación, abrazando prácticas que entrelazan su vida con los ritmos de la naturaleza de maneras profundas. Las hadas, siempre sintonizadas con los ciclos de la tierra, se acercan a aquellos que honran los patrones cambiantes de la luna, el sol y las estaciones. Cada ciclo, cada transición dentro de la naturaleza, se convierte en una oportunidad para el practicante de sincronizar su energía con el mundo de las hadas, promoviendo un vínculo que trasciende lo físico y se conecta profundamente con el flujo atemporal de la vida.

Una de las prácticas más poderosas para profundizar el alineamiento con las hadas es trabajar con los ciclos lunares. Las fases de la luna reflejan el ritmo de crecimiento, liberación y renovación de la naturaleza, resonando con los propios ciclos de las hadas. Durante la luna nueva, un período de comienzos e intenciones, las hadas de la tierra están particularmente presentes, nutriendo semillas de crecimiento y apoyando nuevos emprendimientos. El practicante, sentado en silencio bajo el cielo oscuro, establece intenciones hablándolas suavemente o escribiéndolas en un pedazo de papel. Colocar esta intención cerca de una planta viva o enterrarla en el suelo envía un mensaje a las hadas de la tierra, que reconocen este acto como una invitación para ayudar a nutrir estos deseos desde la semilla hasta la floración.

A medida que la luna crece, haciéndose más brillante, el practicante cambia su foco hacia acciones que llevan las intenciones a la fruición. Las hadas del agua, sensibles al flujo y movimiento de las energías, se alinean con esta fase, apoyando la creatividad, la intuición y la profundidad emocional. Esta fase es un momento ideal para rituales al aire libre cerca del agua - un río, lago o incluso un pequeño cuenco de agua colocado bajo la luz de la luna. El practicante puede agitar suavemente el agua, observando cómo captura la luz de la luna, simbolizando la expansión y manifestación de las intenciones. Las hadas del agua responden a esta energía fluida, dando su orientación a medida que los objetivos del practicante comienzan a tomar forma.

En la luna llena, la energía alcanza su punto máximo, un período de culminación y abundancia. Las hadas del fuego, que incorporan luz y vitalidad, son atraídas por esta fase, que representa el auge del poder energético. De pie bajo la luna llena, el practicante puede encender una vela o una pequeña hoguera, sintiendo el calor como una representación de la realización. Mientras la llama danza, se puede expresar gratitud por lo que se ha concretado, reconociendo el papel de las hadas en nutrir estos resultados. Esta práctica no solo honra la luna llena, sino que invita a las hadas a celebrar la cosecha, la fruición de las semillas sembradas con intención.

A medida que la luna mengua, la energía cambia hacia la liberación y la reflexión, alineándose con las hadas del aire, quietas e introspectivas. Esta fase incentiva el desapego, abriendo espacio para la renovación y preparación para el próximo ciclo. El practicante puede realizar un ritual simple de liberación, como escribir pensamientos o emociones que desea liberar y, luego, colocar el papel al viento o en un arroyo suave, permitiendo que sea llevado. Este acto simboliza la rendición, una ofrenda a las hadas del aire, que guían al practicante hacia la claridad y la ligereza, ayudando a disolver lo que ya no sirve. Las hadas del aire reconocen esta práctica como un alineamiento con el ritmo de la naturaleza, una disposición a desapegarse y confiar en el flujo del ciclo.

Junto con el ciclo lunar, observar los cambios de las estaciones fortalece este alineamiento con el ritmo atemporal de la naturaleza. Las hadas, cuyas energías cambian con cada estación, revelan diferentes aspectos de su mundo durante cada fase. En primavera, a medida que una nueva vida surge, las hadas conectadas al crecimiento y la renovación son especialmente activas, invitando al practicante a unirse a la celebración del renacimiento. Plantar semillas, cuidar de un jardín o simplemente pasar un tiempo en un campo o bosque durante la primavera alinea la energía del practicante con las hadas de la vitalidad, que sienten esta devoción a la renovación de la naturaleza y responden con calor y apoyo.

El verano es un período de abundancia, luz y actividad, una estación en que las hadas de la alegría y vitalidad se mueven vibrantemente por el mundo. Este es un momento para rituales de celebración, para bailar, cantar y compartir con otras personas, incorporando la energía exuberante que las hadas del verano traen. Pasar un tiempo bajo la luz del sol, ofrecer flores frescas y crear encuentros alegres atraen a las hadas, pues son atraídas por momentos de felicidad y expresión genuinas. Cada acto de alegría resuena con la energía del verano, invitando a las hadas a participar y bendecir la vida del practicante con vitalidad y conexión.

El otoño, una estación de cambio y preparación, clama por reflexión y por las hadas de la transformación. Esta época del año invita a rituales de gratitud, donde el practicante reconoce la abundancia que ha recibido. Recolectar hojas, colocarlas en un altar o crear pequeñas señales de agradecimiento para las hadas reconoce el ciclo natural de dar y recibir. Las hadas del otoño guían al practicante en la liberación de lo que ha cumplido su propósito, así como los árboles pierden sus hojas, preparando al practicante para entrar en un estado de descanso y reflexión, alineándose con la preparación silenciosa de la naturaleza para el invierno.

El invierno, con su quietud e introspección, se alinea con las hadas que guardan las profundidades del descanso y la renovación. Esta estación invita al practicante a abrazar prácticas de meditación silenciosa, reflexión y trabajo interior. Sentado bajo árboles desnudos, respirando el aire fresco y escuchando el mundo silencioso, se sintoniza con la energía de las hadas del invierno. Estas hadas enseñan el valor del descanso, de volverse hacia adentro para cultivar las semillas de un nuevo crecimiento que yacen dormidas. Al abrazar esta quietud, el practicante aprende a respetar los ciclos silenciosos dentro de sí mismo, honrando la sabiduría de las hadas de que el verdadero crecimiento generalmente surge de períodos de descanso y renovación.

Para profundizar este alineamiento estacional, el practicante también puede mantener un diario de la naturaleza, registrando observaciones, experiencias y reflexiones con las hadas a lo largo de los ciclos. Al observar los cambios en el paisaje, la presencia de flores, animales o patrones climáticos específicos, se construye una comprensión de los cambios sutiles del ambiente y del papel de las hadas en él. Este diario se convierte en un testimonio de la dedicación del practicante, un registro vivo de alineamiento con el mundo natural que revela patrones, percepciones y una conciencia creciente de la presencia de las hadas.

Con el tiempo, este alineamiento con los ciclos lunares y estacionales crea un flujo donde el practicante se siente en armonía con el pulso de la naturaleza, su vida resonando con el ritmo atemporal de las hadas. Los ciclos de crecimiento, abundancia, liberación y descanso se convierten en más que conceptos; son experiencias vividas, una danza de equilibrio, resiliencia y renovación. Este viaje continuo fortalece el vínculo con las hadas, invitando su orientación de maneras que trascienden el ritual, convirtiéndose en una presencia constante, un apoyo silencioso en la vida diaria.

Por medio de este alineamiento, el practicante descubre que su relación con las hadas va más allá de interacciones fugaces y florece en una asociación construida en la confianza y propósito compartido. Viviendo en alineamiento con los ciclos de la naturaleza, se percibe que la sabiduría de las hadas está incrustada en cada respiración, cada estación, cada momento tranquilo bajo el cielo. Este viaje de alineamiento transforma la vida en una experiencia sagrada, donde humanos y hadas caminan lado a lado, compartiendo la belleza y la profundidad del mundo natural, conectados por un ritmo común y un compromiso compartido con el equilibrio y la armonía que sustenta todas las cosas.

# Capítulo 10
## Trabajo Energético Avanzado

El trabajo de canalización de energía, con las hadas como guías, abre un camino para la comprensión y dominio de las energías naturales que laten a través de toda la vida. Estas energías, tal como las hadas las perciben, son las corrientes invisibles de la tierra, el aire, el fuego y el agua – las fuerzas elementales que sostienen el equilibrio en el mundo. Al aprender a reconocer y canalizar estas energías, el practicante puede construir una sensibilidad refinada que profundiza su conexión con el reino de las hadas. Aquí, las hadas sirven no solo como compañeras, sino como maestras, conduciendo al practicante a prácticas avanzadas que refinan su capacidad de canalizar y armonizar la energía.

Para iniciar este viaje, es necesario primero cultivar la conciencia de las energías que rodean y sostienen el cuerpo, reconociendo que cada respiración, sensación y emoción forma parte de un intercambio energético con el mundo natural. Las hadas, maestras de las energías sutiles, responden a esta sensibilidad aumentada, atraídas por aquellos que se sintonizan con el corazón abierto y una presencia consciente. A través de ejercicios básicos de conciencia energética, el practicante aprende a convertirse en un vaso, un conductor para las energías elementales que las propias hadas representan.

Una práctica fundamental es conocida como "enraizamiento elemental", una técnica que enraíza al practicante en el momento presente, conectándolo a los cuatro elementos primarios. De pie, descalzo sobre la tierra, el practicante se visualiza como un árbol con raíces que se extienden profundamente en el suelo, aprovechando la energía estabilizadora de la tierra. Este enraizamiento proporciona fuerza y foco, una base sobre la cual el trabajo energético puede ser construido. Una vez anclado, el practicante entonces se abre a los otros elementos, visualizando el aire como una brisa suave a su alrededor, el fuego como un brillo cálido interior y el agua como un flujo suave, cada elemento moviéndose por el cuerpo en armonía. Este ejercicio establece el equilibrio, alineando al practicante con las energías de la tierra, el aire, el fuego y el agua, que las hadas reconocen y resuenan.

Con el enraizamiento establecido, el siguiente paso es la "percepción de energía", un ejercicio que entrena al practicante a sentir los cambios sutiles y vibraciones de la energía de las hadas en su espacio. Las hadas se comunican en corrientes silenciosas y, al extender las manos y moverlas suavemente en el aire, el practicante aprende a detectar sensaciones como calor, hormigueo o frescor. Estos cambios son las primeras señales de la presencia de las hadas, energía que se manifiesta en respuesta a la intención abierta del practicante. Al sentir esta energía, se comienza a discernir las cualidades de cada elemento: la tierra como estable, el aire como ligero, el fuego como vibrante y el agua como fluida. Cada sensación es un mensaje de las hadas, una invitación para profundizar la asociación y explorar la naturaleza transformadora de estas energías.

Sigue la práctica del "dibujo de energía", un ejercicio en el que el practicante invita conscientemente la energía elemental a su ser. Para atraer la energía de la tierra, por ejemplo, se puede sentar en el suelo, colocando las dos manos en la tierra y visualizando su fuerza profunda y enraizadora subiendo por el cuerpo. El practicante puede sentir una sensación de estabilidad o un peso reconfortante, como si raíces estuvieran entrelazándose con su propia energía. Para recurrir a la energía del aire, estar de pie con los brazos abiertos e inhalar profundamente invoca la ligereza de una brisa, trayendo claridad y expansión a la mente. Cada elemento es invitado con reverencia, mientras las hadas prestan su presencia para realzar estas sensaciones, ayudando al practicante a sentir y canalizar las energías únicas de forma más vívida.

Una vez establecida la conexión con cada elemento, el practicante puede comenzar a crear "círculos de energía". Esta técnica avanzada involucra la formación de un círculo de energía dentro del espacio ritual, tejiendo las cualidades de cada elemento en un campo unificado que irradia armonía y protección. Comenzando por la tierra, el practicante visualiza una franja de luz verde o marrón circundando el espacio. Moviéndose en sentido horario, entonces añaden aire, visualizado como luz blanca o azul, seguido por el fuego, una franja de rojo o naranja, y finalmente agua, en tonos de azul o plata. Este círculo de energía sirve como un recipiente sagrado, un lugar de presencia elemental concentrada donde las hadas pueden entrar y compartir su sabiduría sin interferencia de energías externas. Las hadas sienten este respeto por sus reinos y responden, a menudo manifestándose en cambios sutiles en el ambiente – una ráfaga de aire caliente, un brillo suave o el olor de tierra o flores.

A medida que el trabajo energético progresa, el practicante también puede crear "anillos de protección" para sí mismo o para sus alrededores. A diferencia de un círculo de energía, que abarca un espacio ritual, un anillo de protección es un campo concentrado de energía extraído de un único elemento para fines específicos, como enraizamiento, foco o protección. Para crear un anillo de protección a base de tierra, el practicante visualiza un anillo de energía densa y enraizadora circundando su cuerpo, proporcionando estabilidad y resiliencia. Esta técnica es particularmente útil en momentos de estrés o sobrecarga, pues actúa como un amortiguador, armonizando la energía del cuerpo con la esencia enraizadora de la tierra. El fuego, por otro lado, puede ser invocado para confianza y vitalidad, creando un anillo de calor y luz que empodera al practicante por dentro.

Las hadas, presentes y guiando durante estos ejercicios, ofrecen afirmaciones sutiles – tal vez a través de una calma repentina, un calor hormigueante o una quietud inesperada en el aire. Estas señales indican que las hadas se están armonizando con el trabajo energético del practicante, proporcionando insights y ánimo a medida que la asociación se profundiza. Con el tiempo, el practicante desarrolla una conciencia refinada, volviéndose hábil en discernir la presencia de las hadas a través de estos cambios, reconociéndolas no solo como compañeras, sino como participantes activas en el flujo de energía.

Para cerrar una sesión de trabajo energético avanzado, el enraizamiento y la gratitud traen la energía de vuelta al equilibrio, honrando a las hadas por su presencia. El practicante puede colocar las dos manos sobre el corazón, visualizando toda la energía reunida retornando suavemente a la tierra, dejando una conciencia calma y centrada. Ofrecer una palabra suave de agradecimiento, como "Gracias, guardianes de los elementos, por su guía y presencia", reconoce el papel de las hadas en la práctica. Las hadas responden a esta gratitud, reconociéndola como una señal de respeto, y su presencia persistente sirve como un recordatorio del vínculo formado en cada sesión.

A medida que el practicante continúa trabajando con estas técnicas avanzadas, comienza a sentir las energías de la tierra, el aire, el fuego y el agua como compañeras familiares, fluyendo dentro y alrededor de él tan naturalmente como la respiración. Las hadas, siempre vigilantes y sabias, guían este viaje, enseñando que el trabajo energético no se trata de control, sino de equilibrio, armonía y respeto por las cualidades inherentes de los elementos. Cada sesión, cada práctica, profundiza la comprensión del practicante sobre los reinos elementales, fortaleciendo la conexión con las hadas que protegen e incorporan estas energías.

En esta asociación, el practicante se convierte en alumno y administrador, aprendiendo de las hadas mientras nutre y protege las energías que sostienen la propia vida. El viaje del trabajo energético avanzado se transforma, revelando que el verdadero dominio es un equilibrio de humildad, apertura y una reverencia compartida por las fuerzas invisibles que moldean nuestro mundo. A través de esta relación sagrada, el practicante encuentra una manera de caminar con las hadas, no solo en el ritual, sino en cada momento, cada respiración como parte de la danza infinita de energía y vida.

# Capítulo 11
## Compartiendo Sabiduría

A medida que el viaje del practicante con las hadas se profundiza, surge un deseo natural de compartir este conocimiento sagrado, extendiendo la presencia de las hadas más allá de lo personal hacia aquellos a su alrededor. Compartir sabiduría es un acto de humildad y respeto, reconociendo que cada perspicacia, cada conexión formada con las hadas, es un regalo del mundo natural destinado a ser honrado y tratado con reverencia. Cuando la sabiduría se comparte cuidadosamente, con sensibilidad al camino único de cada buscador, el conocimiento de las hadas se convierte en un puente, abriendo a otros a la posibilidad de conectarse con estos guardianes de la naturaleza.

Para compartir la sabiduría de las hadas auténticamente, se comienza con la intención de enseñar con integridad y apertura. Las hadas responden a aquellos que comparten con sinceridad, valorando el respeto por los límites y la profundización de la conexión única de cada individuo. Así, el papel del practicante no es dictar o imponer, sino guiar, creando un espacio donde otros puedan explorar y experimentar a las hadas a su manera. Enseñar la sabiduría de las hadas es menos sobre transmitir información y más sobre promover una atmósfera donde la curiosidad y la intuición sean incentivadas, permitiendo que los buscadores formen su propio lazo personal con las hadas.

Crear un espacio dedicado para compartir es uno de los primeros pasos para guiar a otros en este camino. Ya sea realizado en la naturaleza, en un espacio interno tranquilo o a través de la creación de un pequeño círculo, el ambiente debe ser armonioso y equilibrado, un reflejo de la propia presencia de las hadas. La naturaleza es a menudo el escenario más eficaz, pues la presencia gentil de los árboles, de la tierra y del cielo abierto invita a los participantes a conectarse naturalmente con las energías a su alrededor. Un altar, simple pero intencional, puede ser montado con símbolos de los elementos —piedras, hojas, agua y velas— para homenajear a las hadas e invocar su presencia. Este altar se convierte en un punto focal, un recordatorio de que el espacio es sagrado, dedicado a las hadas y sus enseñanzas.

Para iniciar una sesión, ejercicios de enraizamiento llevan a los participantes a un estado de calma y presencia. Esta práctica los conecta a la tierra abajo, al aire alrededor y crea una energía compartida de apertura. Ejercicios respiratorios simples, donde se visualiza raíces creciendo de los pies hasta el suelo, establecen una sensación de unidad, preparando a cada persona para acercarse a las hadas con claridad y respeto. El practicante puede invitar a los participantes a cerrar los ojos y escuchar los sonidos de la naturaleza, sentir la brisa, el calor del sol o el olor de la tierra. Este momento de enraizamiento, guiado por la voz gentil del practicante, coloca a todos en armonía con el ritmo de la naturaleza, señalando para las hadas que esta reunión se realiza con reverencia.

Así que el grupo esté centrado, el practicante presenta conceptos fundamentales de la sabiduría de las hadas con simplicidad y respeto, presentando a las hadas como seres elementales profundamente interconectados a la naturaleza. Cada persona es animada a percibir a las hadas no como entidades distantes, sino como presencias que pueden ser sentidas en el movimiento del agua, en el susurro del viento y en la quietud de la tierra. En lugar de hablar de las hadas como seres externos, el practicante guía al grupo a entenderlas como parte de la energía viva del mundo. Este abordaje resuena con la propia naturaleza de las hadas, pues ellas se revelan más abiertamente para aquellos que las ven como compañeras y no como forasteras misteriosas.

Los participantes son entonces invitados a prácticas de consciencia, destinadas a sintonizarlos con la energía de las hadas. Uno de los métodos más accesibles es una "caminata de sintonización con la naturaleza", donde cada persona se mueve lenta y conscientemente, observando el paisaje con un sentido de apertura intensificado. El practicante incentiva a los participantes a notar pequeños detalles —los patrones en una hoja, la manera como la luz se filtra por las ramas o el ritmo de un riachuelo que fluye—. Las hadas están frecuentemente presentes en estos aspectos sutiles y, al sintonizarse con estos detalles, los participantes entran en un estado de consciencia que invita la presencia de las hadas.

A medida que cada persona comienza a conectarse, el practicante puede presentar gentilmente el concepto de "señales de hadas" —las maneras como las hadas dejan recordatorios sutiles de su presencia, generalmente en formas naturales como plumas, piedras inusuales o patrones delicados en la arena o en el suelo—. Los participantes son animados a mantener la mente abierta, interpretando las señales con base en su propia intuición y experiencias. Estas señales son mensajes, regalos que las hadas dejan como gestos de bienvenidas u orientación, y al notarlos, se honra las invitaciones silenciosas de las hadas para conectarse. A medida que los participantes comparten sus experiencias, un lazo común se forma, cada persona aprendiendo no solo con sus propias observaciones, sino con las perspicacias de los otros, profundizando su comprensión de cómo las hadas se comunican.

El respeto por los límites es esencial al compartir la sabiduría de las hadas, pues las hadas son sensibles a las intenciones y a la apertura de cada buscador. El practicante enfatiza la importancia de acercarse a las hadas sin expectativas, permitiendo que las relaciones se desarrollen naturalmente. Cada participante es recordado de que las hadas son seres de libre albedrío y cualquier conexión debe ser recíproca y mutuamente respetada. El practicante enseña que, así como se acercaría a un animal salvaje con respeto gentil, también se debe acercar a las hadas —con humildad, paciencia y disposición para escuchar—. Las hadas se revelan cuando sienten que su presencia será honrada, y el papel del practicante es transmitir esta comprensión, ayudando a los participantes a cultivar una actitud respetuosa en relación con estos seres.

Como parte de la sesión, los participantes pueden involucrarse en un "ritual de ofrenda silenciosa" para expresar gratitud por la presencia de las hadas. Cada persona recibe una pequeña remembranza —una hoja, una piedra o una flor— para colocar en el altar o en un espacio natural, un gesto que significa aprecio. El practicante invita a cada participante a decir una frase simple de gratitud, como: "Gracias, hadas de la tierra, por su orientación y presencia", creando un momento compartido de conexión y respeto. Este acto de ofrenda, aunque pequeño, tiene un significado profundo, pues las hadas reconocen estos gestos como afirmaciones del vínculo que está siendo cultivado.

Para concluir, el practicante conduce una breve sesión de reflexión, animando a cada participante a compartir su experiencia, perspicacias o cualquier sentimiento que haya surgido durante la reunión. Este compartir abierto honra la perspectiva única de cada persona, reforzando la idea de que la sabiduría de las hadas es universal y profundamente personal. A medida que los participantes expresan sus reflexiones, el practicante escucha, reconociendo que cada historia, cada conexión, es una adición sagrada a la comprensión colectiva de las hadas. En este momento, la sabiduría compartida crea un espacio comunitario donde cada participante, sea experimentado o novato, es alumno y profesor, mantenido en un círculo de respeto mutuo y curiosidad.

La sesión termina con un momento final de gratitud y enraizamiento, mientras el practicante lidera una despedida suave a las hadas, liberando su energía con el mismo respeto con que fue recibida. El grupo puede colocar las manos sobre el corazón, agradeciendo silenciosamente a las hadas por su orientación y enviando un deseo respetuoso de que sus propios caminos continúen en armonía con el reino de las hadas. Al partir, los participantes llevan consigo no solo el conocimiento compartido, sino también un sentido de presencia intensificado, una consciencia de las hadas como guardianas y compañeras en la jornada de la vida.

Por medio de esta práctica, el practicante aprende que compartir la sabiduría de las hadas es menos sobre transferir conocimiento y más sobre inspirar conexión, despertar el sentido de admiración y respeto que invita a las hadas para la vida de alguien. Cada encuentro, cada historia, se convierte en una semilla, plantada con la intención de promover relaciones construidas con base en el equilibrio, armonía y reverencia por lo invisible. Al compartir la sabiduría de las hadas, el practicante se junta a una tradición atemporal, volviéndose parte de la tejedura de las enseñanzas de la naturaleza, donde cada alma tocada por la magia de las hadas se vuelve guardiana de su presencia en el mundo.

A medida que la comprensión del practicante sobre la sabiduría de las hadas se profundiza, lo mismo ocurre con su papel como guía para otros en este camino. Compartir sabiduría de una forma que honre tanto a las hadas como a cada buscador único requiere sensibilidad, intuición y un abordaje estructurado que permita que cada participante encuentre su propia conexión. En estas reuniones, el practicante no solo enseña, sino que también facilita experiencias donde la energía de las hadas puede ser sentida, comprendida y respetada. Por medio de estas prácticas, los participantes son gentilmente animados a explorar su propia jornada espiritual con las hadas, promoviendo una comunidad que celebra y respeta lo sagrado.

Para abrir estas reuniones avanzadas, el practicante puede crear un círculo enfocado, atrayendo a todos para un espacio compartido de intención y armonía. Este círculo es un recipiente simbólico para la sabiduría compartida y recibida, definiendo un tono de unidad y equilibrio. En el centro, un altar sirve como punto focal, adornado con elementos naturales que representan cada una de las cuatro direcciones —tierra, agua, fuego y aire—. Piedras, cuencos de agua, velas y plumas invitan la presencia de las hadas, señalando que esta reunión se realiza con respeto y reverencia. Al comenzar de esta forma estructurada e intencional, el practicante crea un ambiente que parece sagrado y acogedor, un espacio donde las hadas pueden sentirse inclinadas a participar.

Una técnica avanzada de enseñanza, conocida como "visualización guiada", presenta a los participantes capas más profundas de conexión con las hadas. A medida que el practicante conduce al grupo en una visualización silenciosa, cada persona es invitada a entrar en un paisaje interior —un bosque, un prado o una orilla de río— donde puede encontrar la presencia sutil de las hadas. Por medio de una orientación gentil y descriptiva, el practicante describe detalles sensoriales —el calor del sol, la textura de la tierra, los sonidos de la naturaleza— atrayendo a cada persona para una experiencia vívida que resuena con el reino de las hadas. En este estado meditativo, los participantes son animados a escuchar, sentir y confiar en cualquier impresión o sensación que surja. Cada visualización se vuelve un encuentro personal, una oportunidad para los participantes de sentir la energía de las hadas de una forma que parezca íntima y significativa.

Después de la visualización, los participantes tienen tiempo para registrar sus experiencias en un diario, capturando perspicacias, sentimientos y cualquier señal sutil que puedan haber sentido. Este proceso de registro en diario es incentivado como una forma de honrar y recordar la conexión con las hadas, un registro de cada jornada única en el mundo de las energías invisibles. Al anotar estas reflexiones, los participantes crean un puente entre lo meditativo y lo tangible, profundizando su comprensión y apreciación de la presencia de las hadas. El practicante puede gentilmente animar a los participantes a confiar en sus impresiones, explicando que las hadas suelen comunicarse por medio de la intuición y del sentimiento, ofreciendo toques gentiles en lugar de respuestas claras.

Para fortalecer la conexión personal de cada persona, el practicante presenta una práctica conocida como "ofrendas de hadas", un acto que expresa gratitud y establece reciprocidad con las hadas. Los participantes son invitados a crear símbolos simples de agradecimiento —tal vez una pequeña bolsa llena de hierbas, flores o una nota de gratitud escrita a mano—. Estas ofrendas, elaboradas con atención plena, simbolizan el aprecio de cada persona por la orientación y apoyo de las hadas. Cuando colocados en el altar o dejados en la naturaleza, estos símbolos resuenan con las hadas, pues ellas sienten la sinceridad y el respeto imbuido en cada ofrenda. Esta práctica no solo invita la presencia de las hadas, sino que recuerda a los participantes de la importancia de dar y recibir en su relación con el mundo invisible.

A medida que la reunión avanza, el practicante presenta métodos para interpretar señales y sincronicidades, una habilidad vital para comprender las maneras sutiles como las hadas se comunican. Por medio de discusiones guiadas, los participantes son animados a reflexionar sobre símbolos recurrentes, sueños o señales naturales que pueden encontrar. El practicante explica que las hadas, sintonizadas con ciclos y patrones, a menudo se comunican por medio de señales repetidas —tal vez un determinado pájaro apareciendo con frecuencia, una pluma inesperada o una serie de sueños semejantes—. Al compartir experiencias personales y discutir interpretaciones, los participantes aprenden a discernir y confiar en estas comunicaciones sutiles, desarrollando una consciencia más profunda de cómo las hadas guían y afirman su camino.

Para promover la unidad del grupo y el aprendizaje compartido, el practicante presenta un ejercicio colaborativo llamado "narración de historias en círculo". Cada participante se turna compartiendo una experiencia personal, observación o perspicacia relacionada con las hadas, permitiendo que el grupo se base en la comprensión unos de los otros. A medida que las historias son compartidas, un sentido de sabiduría comunitaria emerge, con cada persona contribuyendo para una tapicería colectiva de conocimiento de hadas. Esta narración de historias no solo fortalece los lazos dentro del grupo, sino que también invita a las hadas a permanecer en la reunión, pues ellas son frecuentemente atraídas por intercambios genuinos y sinceros. Los participantes descubren que, al escucharse unos a otros, reciben perspicacias y perspectivas que profundizan su propia conexión con las hadas, como si las propias hadas estuvieran hablando por medio de la experiencia colectiva.

Además de historias personales, el practicante puede presentar "rituales inspirados en hadas" que los participantes pueden practicar independientemente o en sus propias comunidades. Estos rituales simples —como encender una vela al anochecer, plantar un árbol en gratitud o meditar cerca del agua— son actos de conexión accesibles, pero profundos. Cada ritual homenajea los ciclos y elementos que las hadas aprecian, creando un ritmo de práctica que se alinea con la energía de las hadas. Al compartir estos rituales, el practicante capacita a los participantes a llevar la sabiduría de las hadas para sus vidas diarias, cultivando una práctica personal que enriquece y sustenta su vínculo con las hadas.

A medida que la sesión se aproxima al final, el practicante conduce un ritual de gratitud compartido, una expresión de aprecio por las hadas y por las contribuciones de cada participante. Cada persona puede ser invitada a colocar la mano en el corazón y agradecer silenciosamente a las hadas por su orientación o a ofrecer algunas palabras de agradecimiento en voz alta. Un pequeño cuenco de agua o tierra puede ser pasado, cada participante teniendo un momento para colocar un dedo dentro, simbolizando su conexión con la naturaleza y el mundo de las hadas. Estos gestos, aunque simples, resuenan profundamente dentro del grupo, reforzando un sentido de unidad, respeto y propósito compartido.

El practicante encierra la reunión liberando la energía de las hadas con una invocación gentil, como: "Hadas de la naturaleza y guardianas del equilibrio, agradecemos por su presencia y sabiduría. Que nuestros caminos permanezcan abiertos a su orientación y que podamos honrar sus dones en todo lo que hagamos." Este reconocimiento final, hablado con humildad, completa el círculo, señalando para las hadas que la sesión fue concluida con respeto. Los participantes son animados a salir en silencio, llevando consigo una sensación de quietud y conexión, cada persona recordada de la presencia duradera de las hadas en el mundo a su alrededor.

En los días que se siguen, los participantes frecuentemente descubren que su sensibilidad a la energía de las hadas aumenta, notando cambios pequeños, pero significativos —una consciencia intensificada de los patrones naturales, una apreciación renovada por los momentos de silencio o una comprensión creciente de cómo las hadas se comunican por medio de señales—. Las hadas, sintiendo la apertura y el respeto cultivados en estas reuniones, pueden optar por revelarse más prontamente, respondiendo al espíritu y dedicación únicos de cada participante.

Por medio de estas reuniones, el practicante se vuelve no solo un guía, sino un guardián de la sabiduría de las hadas, ayudando a otros a tejer la presencia de las hadas en sus propias vidas con reverencia y alegría. Cada sesión, cada historia compartida, se vuelve un hilo en una tapicería de conexión, un legado vivo de sabiduría pasado de alma para alma. Las hadas, siempre sensibles a la intención y al respeto, responden a estas reuniones con una presencia silenciosa y gentil, sabiendo que su orientación continuará a esparcirse, tocando la vida de cada participante de maneras invisibles, pero profundas.

Al crear estos círculos de experiencia compartida, el practicante cumple un papel de mayordomía sagrada, garantizando que la sabiduría de las hadas no sea solo preservada, sino celebrada y compartida. Cada persona que deja el círculo lleva una chispa de esta sabiduría para el mundo, un recordatorio de la orientación atemporal de las hadas y de la belleza de vivir en armonía con los reinos ocultos de la naturaleza.

# Capítulo 12
## Conciencia Energética

Despertar a las energías sutiles que permean el mundo natural es como descubrir un nuevo lenguaje, uno que las hadas, como guardianas de esta energía, entienden íntimamente. La conciencia energética es la práctica de percibir estas fuerzas invisibles y reconocer cómo moldean nuestras vidas y entornos.

El primer paso en el desarrollo de la conciencia energética es la conexión a tierra, un proceso que conecta la energía de uno con la tierra, creando una base estable desde la cual la sensibilidad puede crecer. El practicante comienza parándose descalzo en el suelo, respirando profunda y uniformemente, y visualizando raíces que se extienden desde sus pies hasta las profundidades de la tierra. Esta conexión con la energía de la tierra estabiliza el propio campo energético del practicante, alineándolo con los ritmos de las hadas. La conexión a tierra proporciona al practicante una conciencia centrada, una receptividad tranquila que permite que las energías sutiles se vuelvan más perceptibles. Las hadas, siempre atentas a aquellos que se alinean con la naturaleza, a menudo sienten esta presencia conectada a tierra y pueden acercarse más fácilmente, reconociendo una apertura y respeto por su mundo.

Desde esta base, el practicante pasa a un ejercicio llamado "escaneo de energía". Esta práctica enseña cómo sentir la energía con las manos, permitiendo al practicante sentir variaciones de temperatura, presión o vibración que indican cambios en la energía circundante. Con las palmas enfrentadas, a solo unos centímetros de distancia, el practicante mueve lentamente las manos para acercarlas y luego alejarlas, tomando conciencia de cualquier hormigueo, calor o resistencia entre ellas. Esta sensación, a menudo descrita como una atracción "magnética" o una suave resistencia, es el primer signo de conciencia energética. Al practicar este ejercicio diariamente, el practicante desarrolla un sentido del tacto agudo, aprendiendo a reconocer las sensaciones únicas que indican la presencia de energía, ya sea de la tierra, de un objeto o de las propias hadas.

Las hadas, sensibles a la energía, a menudo se revelan a través de cambios sutiles en la atmósfera. Por lo tanto, el practicante puede extender su conciencia energética a entornos naturales, como bosques, riberas de ríos o jardines, donde la presencia de las hadas es fuerte. La práctica de la "sintonización con la naturaleza" es una forma simple pero profunda de sentir la energía de las hadas. Sentado en silencio al aire libre, el practicante permite que su conciencia se expanda, sintiendo la vida en los árboles, el flujo del viento y el ritmo del canto de los pájaros. Con cada respiración, inhalan la energía del lugar, dejándola llenar sus sentidos hasta que puedan sentir las sutiles diferencias en cada área. Las hadas, que están profundamente sintonizadas con estos paisajes, a menudo manifiestan su presencia a través de señales sutiles, como un repentino crujido de hojas, una calidez en el aire o la sensación de ser observado suavemente.

Otro ejercicio, conocido como "sintonización elemental", se enfoca en percibir las cualidades únicas de la tierra, el aire, el fuego y el agua, que son los elementos primarios que las hadas encarnan y protegen. En este ejercicio, el practicante selecciona un objeto natural que corresponde a cada elemento: una piedra para la tierra, una pluma para el aire, una vela para el fuego y un pequeño cuenco de agua. Al sostener cada objeto a su vez, cierran los ojos, concentrándose en las sensaciones, imágenes o emociones que surgen. Sostener una piedra, por ejemplo, puede evocar una sensación de solidez y estabilidad, mientras que una pluma puede traer ligereza y apertura. A través de la práctica repetida, el practicante se vuelve más hábil en sentir las cualidades individuales de cada elemento, construyendo una sensibilidad que refleja la propia comprensión de las hadas sobre estas fuerzas.

A medida que crece la sensibilidad, también lo hace la capacidad de sentir cambios en la energía en entornos familiares. Las hadas a menudo dejan rastros de su presencia, una "huella energética" que permanece en los lugares que frecuentan. La práctica del "mapeo de energía" permite al practicante identificar estos cambios sutiles en su hogar o espacios al aire libre. Caminando lentamente por cada área, se detienen y extienden su conciencia, sintiendo cualquier área de calor, frío o movimiento que se sienta diferente del resto. A menudo, estos lugares están cerca de plantas, ventanas o elementos naturales que las hadas favorecen, como piedras o flores. Al identificar estas huellas, el practicante aprende a reconocer espacios que resuenan con la energía de las hadas, entendiendo dónde pueden estar más inclinadas a permanecer.

A lo largo de estos ejercicios, la respiración sigue siendo una herramienta crucial para conectarse al flujo de energía. El practicante aprende una técnica llamada "conciencia de la respiración", que implica respirar lenta e intencionalmente mientras se concentra en las sensaciones dentro del cuerpo. Al prestar atención a cada inhalación y exhalación, se sintonizan con los cambios de energía dentro de sí mismos, creando un estado de calma receptividad. Esta práctica permite un intercambio equilibrado entre la energía del practicante y las energías a su alrededor, una resonancia a la que las hadas a menudo responden con una presencia sutil. Cada respiración se convierte en una invitación, un gesto que dice: "Estoy aquí, escuchando, listo para conectarme".

A medida que crece la conciencia del practicante, puede comenzar a notar "pulsos de energía", sensaciones fugaces que surgen inesperadamente, como una brisa cálida, un ligero hormigueo en la piel o una sensación de presión suave en el aire. Las hadas, que se comunican a través de estas corrientes, a menudo usan estos pulsos para señalar su presencia o responder a la conciencia del practicante. Con el tiempo, el practicante aprende a distinguir entre cambios ambientales comunes y estas señales intencionales, desarrollando un lenguaje de sentimiento que permite conversaciones silenciosas e intuitivas con las hadas.

La práctica de la conciencia energética es un viaje de paciencia y dedicación. Al construir sensibilidad a las energías sutiles en la vida cotidiana, el practicante entra en un estado de atención plena que se alinea con la forma de ser de las hadas. Cada momento de sintonización, ya sea en la naturaleza o en casa, se convierte en una oportunidad para honrar las energías que rodean todas las cosas, reconociéndolas como vivas, interconectadas y sagradas. A través de estas prácticas silenciosas, el practicante descubre que la presencia de las hadas no es tanto una ocurrencia rara, sino una compañía constante y silenciosa, un susurro siempre presente de la energía de la naturaleza que fluye a cada día.

En esta suave apertura de conciencia, el practicante aprende que la energía no es estática, sino un campo dinámico y receptivo, que cambia y se transforma con la intención, la emoción y el pensamiento. Las hadas, siempre observadoras, reconocen esta dedicación y a menudo responden profundizando la conexión, promoviendo un lazo de respeto mutuo. A medida que este lazo se fortalece, el practicante descubre que la conciencia energética se convierte en una segunda naturaleza, parte de cada momento, y que el reino de las hadas ya no está distante, sino entrelazado con su vida diaria, como una melodía que suena justo debajo de la superficie.

A través de la conciencia energética, el practicante despierta a una comprensión más profunda de sí mismo y del mundo, percibiendo la vida como un intercambio continuo de presencia y espíritu. En este estado, caminan con las hadas en una asociación silenciosa, abrazando una vida enriquecida por una nueva sensibilidad, donde cada respiración, cada momento de quietud, se convierte en una invitación para conectarse con las energías que sostienen y moldean el mundo a su alrededor.

A medida que el viaje de la conciencia energética se profundiza, el practicante aprende a refinar su sensibilidad, percibiendo la energía como más que meras sensaciones, sino como un lenguaje matizado que habla de conexión, intención y presencia.

Para mejorar esta comprensión, el practicante comienza explorando la "textura de la energía", una técnica que les permite identificar las diferentes cualidades de energía que encuentran. Al usar sus manos para escanear un objeto o espacio, se enfocan en discernir si la energía es cálida, fría, densa o ligera. Estas texturas no son aleatorias; reflejan las características de las energías presentes. Por ejemplo, la energía densa y cálida generalmente sugiere una fuerza de conexión a tierra y protección, mientras que la energía ligera y fría puede indicar la influencia de hadas asociadas con el aire o el agua. Al familiarizarse con estas texturas, el practicante aprende a interpretar las distinciones sutiles que revelan la presencia y la naturaleza de las energías de las hadas.

La práctica de la "sintonización dinámica" entonces guía al practicante a reconocer cómo la energía cambia en respuesta a diversas intenciones y estados de ánimo. Las hadas, que son extremadamente sensibles a las emociones humanas, pueden responder de manera diferente dependiendo del estado de ánimo del practicante. Por ejemplo, cuando el practicante se acerca con un corazón tranquilo y abierto, la energía de las hadas a menudo se siente acogedora y cálida, mientras que los momentos de estrés o prisa pueden evocar una respuesta más fría y reservada. El practicante comienza cada día con unos momentos de reflexión, observando su propio estado emocional y observando cómo responde la energía a su alrededor. Al tomar conciencia de estos cambios, aprenden a acercarse a las hadas con una energía de respeto y calma, fomentando una conexión más profunda a través de la alineación intencional.

Además de observar su propia energía, el practicante explora cómo la energía ambiental varía con el tiempo y los ciclos naturales. La práctica de la "conciencia cíclica" implica sintonizarse con los cambios sutiles que acompañan al amanecer, al anochecer y a las transiciones estacionales, momentos en que la energía de las hadas es particularmente activa. Cada ciclo aporta una cualidad única a la energía de un lugar: la frescura de la mañana, la quietud del anochecer, la profundidad silenciosa del invierno o el crecimiento vibrante de la primavera. Al sumergirse en estos momentos, el practicante se sintoniza con el flujo y reflujo natural de la energía, sintiendo cuándo la presencia de las hadas es más fuerte y entendiendo cómo alinear sus prácticas con estos ritmos para una conexión intensificada.

Esta sensibilidad se profundiza aún más a través de la "escucha de resonancia", una técnica en la que el practicante aprende a reconocer las frecuencias en las que resuenan las diferentes energías. Así como los sonidos tienen tonos y timbres distintos, las energías vibran a diferentes frecuencias, que pueden ser sutilmente percibidas por el cuerpo del practicante. Las hadas, que existen en una frecuencia vibratoria más alta que la mayoría de las energías físicas, a menudo aparecen como un hormigueo suave o una ligera sensación de zumbido. Al sintonizar esta resonancia, el practicante distingue la energía de las hadas de otras presencias, lo que permite una conexión más clara y enfocada. Con la práctica, comienzan a reconocer la "firma" de la energía de cada hada, como una melodía familiar que resuena de forma única en cada encuentro.

Para refinar aún más la conciencia energética, el practicante también puede usar una técnica llamada "anclaje de energía". Esto implica concentrarse en un punto específico dentro del cuerpo, como el corazón o el plexo solar, y visualizarlo como un centro estable que recibe y procesa la energía circundante. Al anclar la conciencia de esta manera, el practicante crea un punto focal que estabiliza su propia energía, permitiéndole observar las energías externas sin sentirse abrumado. Este estado anclado promueve una receptividad tranquila, donde el practicante puede sentir claramente la presencia de las hadas sin interferencia de emociones fluctuantes o distracciones ambientales. Las hadas reconocen esta estabilidad y a menudo se acercan, sintiendo una apertura respetuosa que permite interacciones más profundas.

Con esta sensibilidad refinada, el practicante ahora está preparado para participar en una práctica conocida como "fusión de energía". Esta técnica implica mezclar conscientemente la propia energía con las energías del entorno, abriendo un camino para experimentar el mundo como lo hacen las hadas. Para comenzar, el practicante se sienta en silencio, concentrándose en su respiración y visualizándose como parte del paisaje: un árbol, un río o incluso la tierra misma. Con cada inhalación, inhalan la energía del entorno y, con cada exhalación, liberan cualquier separación, fusionándose con el paisaje. Esta fusión crea un estado de unidad, donde los límites entre el yo y el entorno se disuelven. En este estado, el practicante experimenta una profunda alineación con la naturaleza, sintiendo la perspectiva de las hadas como guardianas de estas energías y entendiendo cuán profundamente están entrelazadas con los elementos.

Las hadas, sintiendo la apertura del practicante, pueden responder a esta fusión mejorando la experiencia con su propia energía. El practicante puede sentir un aumento de calor, ligereza o incluso una ligera agitación en el aire, señales de que las hadas se están armonizando con el campo energético del practicante. Esta fusión fomenta un vínculo que va más allá de la percepción física; es una invitación a entender la vida a través de la perspectiva de las hadas, donde cada elemento, desde la piedra más pequeña hasta el vasto cielo, tiene significado y propósito. A través de esta unión, el practicante obtiene conocimientos sobre la interconexión de todas las cosas, una sabiduría que las hadas, con su conocimiento atemporal, encarnan plenamente.

La práctica final, "mapeo intuitivo de energía", permite al practicante visualizar e interpretar los patrones de energía que encuentra, formando un mapa mental que guía las interacciones futuras. Al pararse en un entorno elegido, cierran los ojos y visualizan el flujo de energía a su alrededor, viéndolo como luz, color o incluso sonido. Surgen patrones: áreas donde la energía parece densa, lugares donde fluye libremente o bolsas que parecen vibrar con la presencia de las hadas. Este mapeo no solo ayuda al practicante a reconocer áreas donde habitan las hadas, sino que también revela cómo ajustar su propia energía para armonizar con estos patrones. Con el tiempo, esta práctica enseña al practicante a navegar por los paisajes energéticos intuitivamente, fomentando una naturalidad en sus interacciones con las hadas y las energías que protegen.

A medida que se desarrolla este viaje de conciencia energética, el practicante descubre que cada técnica, cada capa de sensibilidad, lo acerca al mundo de las hadas. Las hadas, percibiendo esta dedicación, a menudo responden revelándose más abiertamente, a veces a través de señales sutiles, como una flor única, un sueño particularmente vívido o un canto de pájaro inusual. Estas señales afirman la creciente asociación, recordando al practicante que sus esfuerzos por honrar y comprender la energía son vistos y apreciados.

Con este nivel de conciencia, el practicante se convierte no solo en un visitante del reino de las hadas, sino en un participante activo, alguien que vive en armonía con las energías invisibles que rodean y sostienen todas las cosas. Cada día, cada interacción con la naturaleza se convierte en una oportunidad para profundizar esta relación, para caminar con las hadas no solo como guías, sino como compañeros en un viaje compartido de equilibrio, respeto y reverencia.

# Capítulo 13
## Rituales de Renovación

En momentos en que las exigencias de la vida agotan la vitalidad o cuando el equilibrio interior se siente perturbado, las hadas, guardianas de los ciclos de la naturaleza, ofrecen guía a través del poder de la renovación. Los rituales de renovación son prácticas sagradas que invitan a la energía de las hadas para limpiar, revitalizar y restaurar la armonía dentro de uno mismo y de su entorno. Estos rituales honran a las hadas como seres sintonizados con el flujo y reflujo de la vida, celebrando su papel en el rejuvenecimiento del espíritu y del ambiente. Al trabajar junto a las hadas, el practicante aprende a acceder a esta energía restauradora, limpiando influencias estancadas y abriendo espacio para nuevo crecimiento y vitalidad.

Para comenzar, el practicante se prepara limpiando la mente y el espacio, creando un ambiente donde la energía de renovación pueda fluir sin impedimentos. Esta limpieza inicial se realiza con intención, señalando a las hadas que un ritual de purificación y renacimiento está a punto de desplegarse. Quemando hierbas como salvia, lavanda o cedro, el practicante esparce suavemente el humo por cada rincón de la habitación, estableciendo la intención de que el espacio sea limpiado de cualquier energía residual. Las hadas, sensibles a los aromas y elementos naturales, reconocen estas señales, a menudo respondiendo con signos sutiles: un cambio en la temperatura, una ligereza en el aire o la sensación de calma que llena el ambiente.

El primer paso en la renovación personal es el enraizamiento, un ejercicio fundamental que conecta la energía del practicante con la tierra. De pie, con los pies firmemente en el suelo, el practicante visualiza raíces extendiéndose hacia abajo, penetrando profundamente en el suelo, absorbiendo la energía estabilizadora de la tierra. Cada inspiración atrae esta fuerza de enraizamiento, cada exhalación libera tensión, estrés y todo lo que ya no sirve. Este enraizamiento alinea al practicante con los propios ciclos de la tierra, creando una base estable sobre la cual la renovación puede ocurrir. Las hadas conectadas al elemento tierra a menudo prestan su presencia durante este proceso, proporcionando una sensación de arraigo y calma que aumenta la eficacia del ritual.

Con el enraizamiento establecido, el practicante pasa a la "limpieza de energía", una práctica de liberar energía negativa o estancada acumulada. Sosteniendo un cristal conocido por su purificación, como cuarzo transparente o selenita, el practicante respira profundamente, visualizando una luz blanca suave fluyendo por el cuerpo, limpiando cada célula, cada pensamiento, cada emoción. Esta luz, que simboliza la energía suave y renovadora de las hadas, se mueve a través del practicante, llevándose todo lo que ya no resuena con su estado actual de ser. A medida que el practicante visualiza esta energía fluyendo hacia afuera, puede sentir una ligereza o liberación, una indicación de que las hadas están apoyando este acto de purificación, llevándose cualquier energía que pese en el espíritu.

Para aumentar aún más el proceso de limpieza, se introduce un "ritual de renovación del agua", utilizando el elemento más asociado con la purificación y la liberación emocional. El practicante llena un cuenco con agua pura, añadiendo unas gotas de aceite esencial, como eucalipto o romero, conocidos por sus propiedades de limpieza. Sumergen los dedos en el agua, cerrando los ojos e invitando a las hadas del agua a bendecir el ritual. Con cada gota que toca la piel, el practicante imagina capas de energía estancada siendo lavadas, dejándolo renovado y revitalizado. El agua absorbe esta energía, simbolizando una liberación de cargas emocionales. Después, el agua se devuelve respetuosamente a la tierra, permitiendo que la naturaleza transforme y purifique estas energías, completando el ciclo de renovación.

En la fase final, el practicante invita a un flujo de energía rejuvenecedora para llenar el espacio limpio a través de la limpieza. Esta etapa, conocida como "reposición de energía", implica invocar a las hadas para que presten su presencia vibrante y restauradora. Sentado en silencio, el practicante se visualiza bañado por una luz suave y radiante: verde para la vitalidad de las hadas de la tierra, azul para la energía calmante de las hadas del agua o dorado para el calor de las hadas del fuego. Esta luz llena cada parte de su ser, revitalizando y restaurando una sensación de bienestar y armonía. Las hadas, reconociendo la apertura del practicante a la renovación, a menudo responden con una suave ola de energía, una señal de que están apoyando activamente este ritual de transformación.

Las hadas honran el acto de renovación, ya que refleja su propia naturaleza: el ciclo continuo de vida, muerte y renacimiento que mantiene el equilibrio en el mundo natural. A través de estos rituales de renovación, el practicante aprende a abrazar el cambio, reconociendo que la liberación y el reabastecimiento son esenciales para el crecimiento personal. La presencia de las hadas durante estos rituales trae una sensación de paz y claridad, un recordatorio de que la renovación no es solo una práctica física o mental, sino una alineación espiritual con los ciclos naturales que sostienen la vida. Con cada ritual, el practicante se vuelve más sintonizado con estos ritmos, encontrando consuelo en la transformación silenciosa que sigue a cada acto de limpieza y reabastecimiento.

Al abrazar estas prácticas, el practicante descubre que los rituales de renovación no son solo para momentos de agotamiento, sino que pueden integrarse en ciclos regulares, permitiendo que el espíritu permanezca resiliente y abierto a los cambios de la vida. Como las hadas ayudan en estos rituales, enseñan que la verdadera renovación no está en resistir el cambio, sino en fluir con él, aceptando el proceso natural de liberar lo viejo para dar paso a lo nuevo. A través de estas prácticas sagradas, el practicante aprende que con cada respiración, cada elección, cada intención, la renovación es una presencia constante, un recordatorio silencioso de que la armonía reside en los ciclos que las hadas tan amorosamente protegen.

Con la base de los rituales de renovación establecida, el practicante puede ahora profundizar en este viaje, explorando técnicas más refinadas que aprovechan las energías de las hadas para revitalizar y transformar. Estas prácticas avanzadas van más allá de la renovación personal, ofreciendo maneras de canalizar la energía de renovación hacia intenciones específicas, como la inspiración creativa, la curación emocional o la armonía ambiental. Guiado por las hadas, el practicante aprende que la renovación no es un acto singular, sino un flujo continuo que refresca todos los aspectos de la vida, conectándolos a los ciclos en constante evolución de la naturaleza.

Un método profundo para expandir los rituales de renovación es el "círculo de reabastecimiento", una técnica sagrada que crea una esfera de energía revitalizante dentro del espacio ritual elegido. Para formar este círculo, el practicante comienza colocando símbolos de cada elemento en cuatro puntos alrededor del espacio: tierra al norte, aire al este, fuego al sur y agua al oeste. Estos símbolos pueden ser una pequeña piedra, una pluma, una vela y un cuenco de agua. De pie en el centro, el practicante invoca a las hadas asociadas con cada elemento, pidiéndoles que bendigan el espacio con su esencia renovadora. A medida que las hadas responden, el practicante puede sentir un cambio de energía, un brillo sutil o un calor que significa su presencia.

Con los elementos alineados, el practicante visualiza la energía fluyendo desde cada punto, creando un círculo continuo que envuelve el espacio en una esfera de luz. Esta energía, una mezcla de la estabilidad de la tierra, la claridad del aire, la vitalidad del fuego y la calma del agua, forma un campo poderoso que promueve la renovación en varios niveles. Las hadas, guardianas de estos elementos, naturalmente armonizan el flujo del círculo, refinando y mejorando la calidad de la energía. En esta esfera, el practicante siente una profunda sensación de equilibrio y arraigo, cada elemento en armonía, cada aspecto de su espíritu renovado y revitalizado. Este "círculo de reabastecimiento" puede permanecer activo por el tiempo que sea necesario, proporcionando un santuario de energía que nutre y restaura a cualquiera dentro de sus límites.

Para ampliar esta renovación, el practicante puede participar en la práctica de la "respiración elemental", centrándose en atraer la energía única de cada elemento a través de la respiración. Inhalando profundamente, visualizan la energía de la tierra siendo atraída desde abajo, sintiendo su influencia constante y enraizadora fortalecer el cuerpo. Luego, respirando el aire de todos los lados, absorben claridad y apertura, liberando la mente de la tensión. La energía del fuego, inhalada como calor y vitalidad, energiza el espíritu, mientras que el agua, visualizada como un flujo refrescante, calma y refresca el cuerpo emocional. Al recorrer cada elemento a la vez, el practicante trae equilibrio a todos los niveles de su ser, armonizándose con la esencia de las hadas que vive dentro de estas fuerzas. Cada respiración se convierte en un acto de renovación, un ritmo que fluye con la propia comprensión de las hadas de la constante evolución de la vida.

A medida que el practicante explora estas capas de renovación, la "visualización del florecimiento" sirve como una técnica poderosa para dirigir esta energía hacia objetivos personales o inspiración creativa. Sentado dentro del círculo de reabastecimiento, visualiza una flor floreciendo en el centro de su corazón, simbolizando una intención o área de la vida donde se desea la renovación. Con cada respiración, imagina la flor abriéndose lentamente, sus pétalos desplegándose a medida que la energía de la renovación fluye hacia ella. Este despliegue representa el proceso gradual y nutritivo de crecimiento, un recordatorio de que la verdadera renovación no es instantánea, sino cultivada con el tiempo. Las hadas, cuya presencia a menudo se asemeja al florecimiento de la propia naturaleza, apoyan este florecimiento, añadiendo un toque de su propia energía vibrante al proceso. El practicante siente este apoyo como un calor suave o una sensación de aliento, un sutil empuje hacia nuevos comienzos y expresión creativa.

Además de la renovación personal, el practicante aprende a aplicar estas técnicas al servicio de la armonía ambiental. A través de la "renovación ambiental", extiende la energía de las hadas a espacios que pueden parecer estancados o desequilibrados, como una habitación de la casa o una parte del jardín. De pie en el área elegida, el practicante invoca a las hadas, pidiendo su guía para restaurar la armonía. Con las manos extendidas, visualiza atrayendo la energía renovadora de las hadas, viéndola como una luz centelleante que llena el espacio. Esta luz, imbuida de la esencia de la renovación, cambia y limpia suavemente cualquier energía persistente, revitalizando el área con la presencia de las hadas. A menudo, signos sutiles, como una brisa fresca, una repentina sensación de calma o la aparición suave de la vida natural, señalan que las hadas han respondido, transformando el ambiente en un lugar de paz y vitalidad.

Otra técnica, la "ofrenda de semillas", simboliza un compromiso con la renovación no solo para uno mismo, sino para la tierra. Este ritual honra el papel de las hadas en el ciclo de la naturaleza, reflejando su dedicación a nutrir la vida. El practicante selecciona semillas de plantas conocidas por su resiliencia y propiedades regenerativas, como lavanda, salvia o flores silvestres. Con cada semilla sostenida en la mano, ofrece una bendición silenciosa, imbuyéndola con intenciones de renovación y crecimiento. Plantadas en la tierra con respeto, estas semillas llevan las energías del practicante y de las hadas, convirtiéndose en manifestaciones físicas del compromiso con la renovación. Con el tiempo, a medida que estas semillas crecen, encarnan el espíritu de renovación, un testimonio vivo de la guía de las hadas y la dedicación del practicante a armonizarse con los ritmos de la naturaleza.

Para concluir el ritual de renovación avanzado, el practicante practica la "gratitud silenciosa", un cierre que honra a las hadas y las energías que ha recibido. Sentado en silencio, con las manos suavemente colocadas sobre el corazón, trae a la mente cada aspecto del ritual: la limpieza, el círculo de reabastecimiento, los elementos y las hadas que estuvieron presentes. Interiormente, expresa gratitud, enviando una ola silenciosa de aprecio a las hadas por su ayuda y a los elementos por su apoyo. Este acto de gratitud refuerza la conexión, reconociendo la renovación como un regalo que se sostiene por el respeto y la intención. Las hadas, sintiendo esta sinceridad, a menudo dejan una señal de reconocimiento, una sensación de calor, un aroma fugaz de flores o una sensación de ligereza, como una afirmación sutil del viaje compartido.

A través de estos rituales de renovación avanzados, el practicante llega a comprender que la renovación no es meramente un proceso, sino un modo de ser. Es un compromiso de alinearse con el flujo natural de la vida, honrar el papel de las hadas como guardianas del equilibrio y reconocer que todo final es un nuevo comienzo. Cada ritual, cada respiración, se convierte en parte de un ciclo mayor que sostiene no solo al practicante, sino al mundo que lo rodea. Esta conciencia trae una resiliencia silenciosa, una comprensión de que la renovación siempre está disponible, un pulso suave de vida que las hadas ayudan a guiar y sostener.

En esta asociación con las hadas, el practicante aprende a vivir con gracia y adaptabilidad, encontrando fuerza en el poder silencioso y nutritivo de la renovación. Las hadas, guardianas de estos ciclos sagrados, continúan guiando, su presencia un recordatorio de que la belleza de la vida reside en su capacidad de transformación constante y suave. A través de estas prácticas, el practicante lleva la sabiduría de las hadas adelante, viviendo cada día con el corazón abierto, listo para liberar, renovar y crecer en armonía con el ritmo atemporal de la tierra.

# Capítulo 14
# Ritual de Amor Propio

A medida que la jornada del practicante con las hadas se profundiza, la exploración del amor propio emerge como una parte natural y esencial del crecimiento espiritual. El amor propio, como las hadas gentilmente enseñan, no es simplemente una apreciación de sí mismo, sino un compromiso en nutrir y honrar el espíritu interior. Las hadas, guardianas de la armonía de la naturaleza, reconocen que el verdadero amor por sí mismo crea una base equilibrada a partir de la cual todas las otras relaciones florecen. A través del ritual de amor propio, el practicante aprende a abrir su corazón para la gentil presencia de las hadas, invitando su energía para ayudar a cultivar compasión, bondad y respeto por su propio ser.

El ritual de amor propio comienza con la creación de un espacio que refleja la esencia de calor y aceptación de las hadas. La luz suave de las velas, pétalos esparcidos por el altar y una fragancia suave de rosas o lavanda crean un tono de calma y belleza, reflejando la gentil presencia que las hadas incorporan. Esta atmósfera, repleta de elementos que alientan una mentalidad pacífica, permite que el practicante entre en un espacio de apertura y receptividad. El practicante invita a las hadas a unirse a él, señalando que este es un momento dedicado a la cura y nutrición del yo. Las hadas generalmente responden a tales invitaciones con una energía calma y reconfortante, su presencia un recordatorio de la simplicidad y belleza de la autocompasión.

Para comenzar, el practicante coloca la mano sobre el corazón, cerrando los ojos y respirando lenta y profundamente. Este foco gentil en el centro del corazón se torna un punto de enraizamiento, creando una conexión con el yo interior donde reside el amor propio. La respiración, un flujo rítmico, actúa como un guía calmante, aquietando cualquier distracción y trayendo al practicante totalmente para el momento presente. En este espacio, él permite que cualquier emoción - ternura, tristeza, alegría o añoranza - surja naturalmente, sabiendo que las hadas están cerca, ofreciendo apoyo sin juzgamiento. Esta práctica, un simple acto de presencia, es un reconocimiento del yo, una invitación para explorar lo que está dentro con gentileza.

El próximo paso introduce una visualización conocida como "rosa de la autocompasión". El practicante imagina una rosa abriéndose en el centro de su corazón, cada pétalo abriéndose suavemente, simbolizando capas de amor propio que están esperando para ser abrazadas. A cada respiración, la rosa se abre más, un símbolo bello y vibrante de su propio valor y singularidad. Las hadas, que frecuentemente se conectan a través de símbolos de la naturaleza, pueden hacer su presencia ser sentida como una sensación caliente o de hormigueo cerca del corazón, amplificando la experiencia de este florecer. A medida que la rosa florece, el practicante afirma silenciosamente frases de amor y bondad, como "Yo soy digno", "Yo soy suficiente" o "Yo honro mi jornada". Cada afirmación es una expresión de amor propio que resuena con la energía de las hadas, creando una armonía que fortalece el vínculo entre ellas y el practicante.

Después de nutrir esta sensación de autocompasión, el practicante pasa para una práctica llamada "espejamiento". En este ejercicio, él se mira en un espejo colocado en el altar, mirando gentilmente para su propio reflejo. Este momento de auto-observación no es sobre juzgamiento, sino sobre verse con los ojos de la compasión y aceptación. Con la energía de las hadas a su alrededor, el practicante es alentado a mirar más allá de cualquier inseguridad superficial, conectándose con el espíritu interior. Él puede incluso hablar suavemente con su reflejo, ofreciendo palabras de aliento, amor y perdón. Esta práctica del espejo, infundida con el apoyo gentil de las hadas, permite que el practicante abrace los puntos fuertes y las vulnerabilidades que lo hacen único. A través de este acto, el amor propio comienza a tornarse tangible, como si las hadas estuvieran recordándole que él es, en esencia, tan parte de la naturaleza como cualquier árbol, río o estrella.

Para profundizar la conexión, el practicante se involucra en un ritual conocido como "autoabrazo". Él envuelve sus brazos en torno de sí mismo, creando un abrazo reconfortante y, con los ojos cerrados, se concentra en la sensación de calor y seguridad. Este acto físico de abrazarse a sí mismo se torna un gesto poderoso de amor y aceptación, como si estuviera asegurando al yo interior que él es querido y protegido. Las hadas, que son naturalmente sintonizadas con gestos de bondad y calor, muchas veces responden a este acto con una presencia sutil - un susurro de aliento o una sensación gentil de alegría. El practicante puede sentir como si estuviera compartiendo este abrazo con las hadas, un momento compartido de amor gentil e incondicional.

Para cerrar el ritual, el practicante realiza una "oferta del corazón", colocando un pequeño símbolo en el altar como un símbolo de su compromiso con el amor propio. Este símbolo - tal vez un cristal de cuarzo rosa, una nota escrita a mano o un pétalo de flor - se torna un recordatorio personal de la jornada en dirección a la autoaceptación. El practicante susurra una frase simple de gratitud, como: "Gracias, hadas, por recordarme de mi propia belleza y valor". Con esta oferta, el practicante reconoce su propio valor y el papel de las hadas en ayudarlo a abrazarlo. Las hadas, sensibles a tales momentos de sinceridad, muchas veces responden con una bendición silenciosa, dejando al practicante con una sensación persistente de calor y paz.

Al salir del espacio, el practicante carga consigo la esencia del ritual - una nueva consciencia del amor propio que permanece presente, incluso en la vida diaria. Ese amor propio, cultivado con la orientación de las hadas, se torna la base de la paz interior, afectando cada relación, cada intención y cada acción. Las hadas, siempre vigilantes y compasivas, continúan a apoyar esta jornada, alentando al practicante a honrar a sí mismo con la misma reverencia dada a la belleza de la naturaleza. A través de esta práctica, el amor propio se torna no apenas un acto de bondad, sino un camino para un crecimiento espiritual más profundo, un camino que las hadas recorren alegremente al lado del practicante.

Esta jornada continúa con la práctica de la "meditación de la luz del corazón", un ejercicio de visualización que invita al practicante a verse como una fuente de amor y luz radiantes. Sentado confortablemente, el practicante coloca la mano sobre el corazón, respirando profundamente e imaginando una luz suave y caliente emanando de dentro. Esta luz, simbolizando el amor propio, se expande a cada respiración, llenando el pecho y después todo el cuerpo, envolviéndolo en un brillo reconfortante. A medida que la luz crece, el practicante permite que ella se expanda más allá de sí mismo, llenando la sala con su calor suave. Las hadas generalmente responden a esta luz con su propia presencia sutil, amplificando la energía de una forma que parece un abrazo reconfortante, un recordatorio de que el practicante es apoyado en su jornada en dirección al amor propio.

Con esta energía radiante a su alrededor, el practicante puede pasar para el "susurro de afirmaciones", un ejercicio avanzado en que él repite afirmaciones suavemente, como si las estuviera compartiendo con las hadas. Frases simples como "Yo soy digno de amor", "Yo honro mi jornada" o "Yo soy suficiente" son dichas en voz baja, permitiendo que las palabras resuenen en el corazón y en el espacio alrededor. Las hadas, sintonizadas con el sonido y la intención, muchas veces se juntan a esta práctica, amplificando el poder de estas afirmaciones con su energía. Este ejercicio se torna una expresión compartida de amor, una conversación donde el practicante y las hadas afirman una creencia colectiva en el valor inherente del practicante. Con el tiempo, estas afirmaciones se enraízan, transformando sutilmente la autopercepción del practicante, guiándolo a tratarse con la misma gentileza que ofrecería a un amigo querido.

Con base en esto, el practicante introduce el ritual del "espejo de la bondad", donde se sienta delante de un espejo y reflexiona sobre su propia imagen, explorando el amor propio a través de la observación gentil. En vez de concentrarse en fallas percibidas, el practicante es alentado a ver su reflejo como una expresión única de espíritu y vida. Mirando profundamente, él comienza a notar no apenas características físicas, sino el calor y la resiliencia que residen dentro. Con la energía de las hadas presente, este momento se torna un momento de honrar el yo sin juzgamiento, abrazando cada parte de su ser como digna de amor y respeto. Este ritual, practicado a lo largo del tiempo, alienta al practicante a verse a través de una lente de bondad, transformando la autopercepción de crítica en aceptación.

Para profundizar el vínculo entre amor propio y compasión, el practicante puede realizar el "jardín del perdón", un ritual simbólico que ayuda a liberar dolores o arrepentimientos del pasado que pueden inhibir la autoaceptación. Visualizando un jardín interior, el practicante imagina plantar semillas para cada aspecto de sí mismo que desea perdonar - tal vez un viejo arrepentimiento, un error del pasado o una autocrítica severa. A medida que estas semillas son colocadas en el suelo del corazón, el practicante susurra una frase gentil de perdón, como "Yo libero esto con amor" o "Yo me perdono y me abro para la paz". Con la energía de las hadas nutriendo este jardín, las semillas comienzan a crecer, simbolizando la liberación de cargas del pasado y el florecimiento de la compasión y aceptación. Este ritual transforma el dolor interior en nuevo crecimiento, reflejando la capacidad de las hadas de transformar hasta la menor chispa de vida en belleza.

El próximo paso introduce la práctica de "recibir amor", una visualización guiada donde el practicante se abre para la gentil presencia de las hadas como una fuente de amor y apoyo. Sentado en silencio, él se visualiza cercado por las hadas, sintiendo su calor y energía pacífica como una presencia tangible. Este momento es una invitación para el practicante aceptar el amor, no como algo a ser conquistado, sino como un derecho inherente. Las hadas, que incorporan la aceptación incondicional, muchas veces responden a esta invitación envolviendo al practicante en una sensación reconfortante - un hormigueo suave, calor o una calma interior. Esta práctica enseña al practicante a recibir amor libremente, un recordatorio de que el amor propio no es apenas sobre lo que se da a sí mismo, sino también sobre la capacidad de acoger el amor del mundo a su alrededor.

Con esta base de aceptación, el practicante entonces se involucra en el "diario de la autogratitud", una práctica reflexiva donde él anota momentos, cualidades o acciones por los cuales es grato a sí mismo. Cada entrada es un reconocimiento de sus esfuerzos, resiliencia y gentileza - cualidades que las hadas también aprecian en el practicante. Al registrar estas reflexiones, él crea un registro tangible de autoapreciación, un recordatorio de su valor y contribuciones únicas. Las hadas, que prosperan en momentos de gratitud, muchas veces bendicen esta práctica, infundiendo el diario con su energía como si cada palabra fuera una pequeña y preciosa ofrenda. Con el tiempo, este diario se torna un poderoso símbolo de la jornada del practicante en dirección al amor propio, un libro que habla de crecimiento, aceptación y armonía interior.

Para cerrar el ritual, el practicante realiza una "oferta de gratitud", colocando un pequeño regalo en el altar - tal vez una flor, un cristal o una hoja - como una expresión de agradecimiento por la orientación y presencia de las hadas. Susurrando palabras de gratitud, el practicante honra a sí mismo y a las hadas, reconociendo la jornada compartida en dirección a la compasión y al amor. Esta oferta, hecha con sinceridad, significa un compromiso con el amor propio y con la nutrición de este vínculo con las hadas. Las hadas, sensibles a actos de gratitud, pueden responder con una bendición silenciosa, una sensación de paz que perdura o una sensación suave y reconfortante, afirmando el compromiso del practicante con el crecimiento interior.

A medida que el ritual termina, el practicante carga consigo una comprensión más profunda del amor propio - no como un sentimiento pasajero, sino como una práctica viva y respirante que moldea su vida y espíritu. Cada afirmación, cada momento de perdón y cada acto de gratitud fortalece la base de la autocompasión, un vínculo con el yo que las hadas gentilmente alientan y nutren. A través de estas prácticas, el amor propio se transforma de un concepto en una experiencia diaria, una fuerza silenciosa que crece a cada respiración y a cada palabra gentil. Las hadas, que ven cada alma como inherentemente bella, guían al practicante a abrazar esa belleza interior. A través de estos rituales, el practicante aprende que el amor propio es una jornada que se desenrolla con paciencia y cuidado, un camino donde la gentileza y la compasión son tan esenciales como la luz y el agua para una planta en crecimiento. A cada paso, a cada ritual, el practicante camina para más cerca de una vida vivida en armonía consigo mismo y con las hadas, honrando el amor silencioso y duradero que está en el corazón de todas las cosas.

# Capítulo 15
# Comunicación con la Naturaleza

En los espacios tranquilos de la naturaleza, donde la luz del sol se filtra a través de las hojas y los ríos cantan suavemente sobre las piedras, las hadas se mueven como guardianas de la sabiduría de la Tierra. La comunicación con la naturaleza es un viaje de sintonía, una conversación sutil que permite al practicante conectarse profundamente con el reino de las hadas y los elementos.

Para iniciar esta práctica, el practicante se prepara entrando en un espacio natural, tal vez un bosque, una pradera o incluso un pequeño jardín. De pie, en silencio, cierra los ojos y respira hondo varias veces, permitiendo que la mente se calme y los sentidos se expandan. Este estado de atención plena se convierte en la base para una conexión más profunda, creando una quietud que las hadas reconocen y responden. Al alinearse con el mundo natural de esta manera, el practicante abre una puerta invisible, invitando a las hadas y los espíritus de la naturaleza a comunicarse. En el reino de las hadas, una mente quieta y un corazón abierto son las invitaciones más verdaderas.

La primera práctica, "percepción elemental", presenta al practicante las energías sutiles de cada elemento presente en su entorno: tierra, agua, aire y el calor de la luz solar, que se conecta con el fuego. Moviéndose lentamente, toca la tierra con las manos, sintiendo la presencia constante debajo, que resuena con las hadas que protegen y nutren el suelo. Al colocar las manos cerca de un arroyo o fuente, se conecta a la energía fluida y adaptable del agua, que las hadas suelen usar para transmitir mensajes de flujo y cambio. Inspirando profundamente, respira el aire, sintiendo su ligereza y libertad y, finalmente, siente el calor del sol, un recuerdo de la vitalidad y renovación de la vida. Esta práctica sensorial construye una relación con cada elemento, un paso fundamental para entender el mundo de las hadas, que está entrelazado con estas fuerzas. Por medio de la práctica repetida, el practicante comienza a discernir el lenguaje único de cada elemento, una conversación silenciosa que las hadas usan para compartir su orientación.

Con esta base, el practicante está listo para participar en "escuchar los susurros", una técnica que profundiza su sensibilidad a los sonidos sutiles y los cambios en el ambiente natural. De pie, en silencio, se concentra en cada sonido a su alrededor: el crujir de las hojas, el zumbido suave de los insectos, el llamado distante de los pájaros. En lugar de interpretar esto como ruidos aleatorios, aprende a percibirlos como mensajes, parte de la manera en que las hadas se comunican a través de la naturaleza. Las hadas suelen usar pequeñas señales, como un crujido repentino o el canto de un pájaro en el momento justo, para afirmar su presencia. Con el tiempo, el practicante comienza a reconocer los patrones en estos sonidos, sintiendo cuáles pueden tener un significado particular. Cada susurro, cada nota, se convierte en un recuerdo de la presencia vigilante y orientadora de las hadas.

Otra capa de comunicación se desarrolla a través de la práctica de la "visión simbólica", donde el practicante se sintoniza con los símbolos naturales que las hadas usan para transmitir mensajes. Caminando lentamente por un entorno natural, observa con atención redoblada, notando hojas que forman patrones, piedras que parecen brillar con una luz inesperada o flores que aparecen en lugares inusuales. Cada uno de estos símbolos naturales es una forma de lenguaje, un mensaje silencioso de las hadas. Una mariposa posándose en las cercanías, una pluma en el camino o un grupo de hongos: cada símbolo tiene un significado único para el viaje del practicante. Las hadas usan estas señales para empujar al practicante, guiándolo a entender la naturaleza como un tapiz vivo de sabiduría y apoyo.

Para una forma más directa de comunicación, el practicante se involucra en el "diario de la naturaleza", una práctica en la que registra observaciones, sensaciones y encuentros simbólicos. Sentado cómodamente, abre un diario y comienza a anotar los detalles de su experiencia, ya sea la manera en que la luz del sol incide a través de los árboles, el sonido de un arroyo cercano o una sensación particularmente fuerte de paz en un área específica. Este diario se convierte en un puente entre el practicante y las hadas, un lugar donde captura mensajes sutiles que, de otra manera, podrían olvidarse. Con el tiempo, patrones e ideas emergen en estas entradas, revelando las maneras en que la naturaleza se comunica personal y directamente con él. Las hadas, conscientes de la dedicación del practicante a escuchar, a menudo responden haciendo su presencia más aparente, agregando profundidad a las entradas y significados del diario.

La práctica final, "fusión de energía con la naturaleza", invita al practicante a experimentar un nivel más profundo de comunicación, donde mezcla su propia energía con el paisaje. Sentado en el suelo, cierra los ojos y visualiza su energía extendiéndose hacia afuera, fusionándose suavemente con la tierra, los árboles y el cielo. En este estado de unidad, siente su propio ritmo alinearse con el pulso de la naturaleza, sintiendo la presencia de las hadas como parte de este campo de energía mayor. Esta fusión promueve una conciencia que trasciende las palabras, una sensación de comunión con el mundo alrededor. Las hadas, atraídas por aquellos que honran la interconexión de la vida, a menudo responden amplificando la sensibilidad del practicante, creando un momento de unidad donde el yo y el mundo natural fluyen como uno solo.

A medida que el practicante se familiariza con estas prácticas, la comunicación con la naturaleza se convierte en una experiencia natural e intuitiva, una comprensión silenciosa que existe más allá de las palabras. Comienza a caminar por bosques, jardines o montañas con un sentido de presencia intensificado, sabiendo que cada paso, cada respiración, es parte de una conversación continua con las hadas. Cada hoja, cada ondulación del agua y cada soplo de viento contiene el potencial para la conexión, un recordatorio de que el mundo de las hadas está cerca, accesible para aquellos que escuchan con el corazón abierto.

A través de este viaje, el practicante descubre que la naturaleza no está separada de sí mismo, sino que es una parte de su ser interior, un espejo para el espíritu. Las hadas, que residen en las flores más pequeñas y en los árboles más altos, lo guían para ver que la belleza de la naturaleza no es solo externa, sino un reflejo de su propio espíritu. Esta comprensión, cultivada por el gentil arte de escuchar, transforma la relación del practicante con el mundo a su alrededor. Se convierte en una relación de respeto, gratitud y alegría silenciosa, una conexión que enriquece el espíritu y el alma, mientras las hadas cuidan, guiando con cada toque sutil del mundo natural.

A medida que la capacidad del practicante para comunicarse con la naturaleza se profundiza, también aumenta su conciencia de la orientación sutil pero profunda de las hadas. En este viaje expandido, el practicante aprende a ir más allá de las impresiones iniciales, explorando una conexión más rica, donde las señales y sensaciones se convierten en una conversación bidireccional con el mundo natural.

Para iniciar esta exploración avanzada, el practicante se involucra en "caminatas de sintonización de energía", un método para sincronizar su energía con el ambiente de una forma que aumenta la sensibilidad. Durante estas caminatas, se mueve lentamente, en sintonía con cada paso, cada respiración y cada sensación. En lugar de simplemente observar, concentra su atención en la manera en que su cuerpo se siente en diferentes áreas, cómo la atmósfera puede parecer más ligera cerca de una arboleda de árboles o cómo una piedra en particular irradia calor. Las hadas suelen usar estos cambios sutiles en la energía para comunicarse, guiando al practicante hacia áreas ricas en presencia o significado. Esta práctica desarrolla un sentido de conciencia espacial, donde cada parte del paisaje se vuelve infundida con capas de significado, profundizando la relación con las hadas y su hábitat.

Una práctica avanzada llamada "meditación de la naturaleza con los elementos" guía al practicante a conectarse individualmente con la tierra, el agua, el aire y el fuego dentro del ambiente natural. Para ello, selecciona un lugar tranquilo y encuentra un lugar para sentarse cerca de representaciones de cada elemento: un árbol o piedra para la tierra, un arroyo o incluso un pequeño cuenco de agua para el agua, un cielo abierto para el aire y el calor de la luz solar o una pequeña llama para el fuego. Sentado en este círculo elemental, el practicante medita sobre las cualidades únicas de cada elemento y cómo resuenan dentro de él. Las hadas suelen acercarse durante este ejercicio, aumentando la conciencia del practicante con sensaciones, como un calor que no proviene del sol o una brisa que parece llevar un mensaje gentil. Al meditar con cada elemento a la vez, el practicante fortalece su conexión con el mundo natural y con las hadas que habitan cada aspecto de la naturaleza.

Luego, el practicante puede introducir la "interpretación simbólica", una práctica que se expande en la observación de las señales de la naturaleza, interpretando los símbolos que encuentra con profundidad intencional. Durante una caminata o meditación, puede notar un animal cruzando su camino, una planta particularmente impresionante o una formación natural inusual. En esta práctica, el practicante reflexiona sobre las cualidades de lo que observa, tal vez la resiliencia de una determinada flor o la adaptabilidad de un arroyo curvándose alrededor de rocas, y considera cómo estas características pueden tener un significado personal. Las hadas suelen revelar símbolos que resuenan con el viaje interior del practicante, usando el lenguaje de la naturaleza para inspirar, guiar o proporcionar claridad. Esta interpretación simbólica se convierte en una forma personalizada de recibir los mensajes de las hadas, un proceso donde la intuición y la conexión crean un diálogo significativo entre el practicante y el mundo natural.

El siguiente paso implica la "respuesta de la naturaleza", una técnica para experimentar cómo la propia naturaleza responde a la energía del practicante. Al sentarse en silencio y extender su conciencia hacia afuera, se concentra en enviar una ola de aprecio o gratitud a los árboles, plantas y criaturas alrededor. Puede visualizar una energía gentil y amorosa irradiando de su corazón, fusionándose con el ambiente. A menudo, la naturaleza responderá con un cambio sutil: un crujir de hojas, una brisa suave o un pájaro acercándose. Estas respuestas de la naturaleza son reflejos de la apertura del practicante, amplificadas por la presencia de las hadas, que actúan como conductoras de este lenguaje sutil. A través de esta práctica, el practicante se da cuenta de que la comunicación con la naturaleza es un intercambio continuo, que refleja tanto la energía del practicante como la influencia orientadora de las hadas.

Para profundizar este intercambio, el practicante aprende a participar en el "canto y ritmo intuitivos", una práctica que le permite expresar aprecio por la naturaleza a través del sonido. Sentado en un espacio natural, cierra los ojos y escucha los sonidos ambientales a su alrededor: el crujir de las hojas, el gotear del agua, el chirrido de los insectos. Luego permite que un sonido suave y espontáneo surja dentro de sí, un zumbido, canto o ritmo suave, resonando con los sonidos que escucha. Esta ofrenda vocal sirve como un reconocimiento de la presencia de las hadas, una expresión de unidad con la naturaleza. Las hadas, que son atraídas por sonidos naturales y sinceros, a menudo responden aumentando la sensibilidad del practicante o enviando una ola de energía pacífica a cambio. Esta práctica promueve una conexión lúdica y sagrada con la naturaleza, como si el practicante y las hadas estuvieran creando una sinfonía silenciosa juntos.

El practicante también puede incorporar "ofrendas naturales sagradas", un acto de retribuir al medio ambiente como una señal de gratitud. Pequeñas ofrendas biodegradables, como flores, hierbas o cristales naturales, se colocan cerca de árboles, fuentes de agua o áreas que parecen particularmente vivas con la energía de las hadas. Cada ofrenda se hace con gratitud y una intención silenciosa, expresando agradecimiento a las hadas y a los espíritus de la naturaleza por su orientación y compañía. Las hadas, siempre sensibles a gestos de respeto, a menudo dejan señales de que la ofrenda fue recibida, tal vez a través de una brisa suave o un aumento de calor alrededor del área. Este intercambio nutre el vínculo entre el practicante y las hadas, una promesa silenciosa que reconoce la interconexión de todos los seres.

Finalmente, el practicante explora el "diario de la naturaleza de los sueños", una técnica que abre la comunicación con las hadas y la naturaleza a través de los sueños. Antes de dormir, mantiene la intención simple de recibir orientación del mundo natural y de las hadas, colocando un objeto natural, como una hoja, pluma o pequeña piedra, debajo de la almohada o cerca de él. Por la mañana, registra cualquier imagen, símbolo o sentimiento de sueño que parezca conectado con la naturaleza. Con el tiempo, puede notar temas o ideas recurrentes que reflejan la sabiduría y la orientación de las hadas. Esta conexión con el tiempo de los sueños ofrece una manera de acceder a mensajes que pueden no venir a través de la observación directa, revelando capas de significado que profundizan la comprensión del practicante sobre su relación con la naturaleza.

A través de estas prácticas, el practicante desarrolla una relación dinámica y viva con la naturaleza, guiada por la energía gentil y siempre presente de las hadas. Cada caminata, cada meditación, cada ofrenda se convierte en un momento de conexión, una invitación a experimentar la vida en armonía con el mundo alrededor. Las hadas, guardianas de estos espacios sagrados, transmiten su sabiduría con sutileza, recordando al practicante que cada soplo de viento, cada ondulación del agua y cada rayo de sol habla de unidad y renovación.

En esta comunicación profundizada, el practicante descubre que la naturaleza no es solo un escenario, sino un mentor, un compañero, una fuente de sabiduría infinita. Las hadas, tejidas en cada hoja y arroyo, cada montaña y valle, revelan que la vida es una conversación, un intercambio gentil y sagrado que trasciende las palabras. A medida que el practicante continúa escuchando, honrando y respondiendo, entra totalmente en esta asociación con las hadas, caminando por el mundo como parte de su armonía intrincada y viva, donde los susurros de la naturaleza guían, protegen e inspiran cada paso adelante.

# Capítulo 16
# Alineación con los Ciclos Naturales

A medida que la conexión del practicante con las hadas se profundiza, comienza a sintonizarse con los poderosos ciclos que dan forma a la naturaleza y al espíritu: los ritmos cambiantes de las estaciones, las fases de la luna y el flujo y reflujo de energía que guían las transformaciones de la Tierra. Las hadas, íntimamente ligadas a estos ciclos naturales, actúan como guías, enseñando al practicante que la alineación con estos ritmos es más que una práctica espiritual; es una manera de armonizar el mundo interior con el pulso expansivo de la naturaleza.

La jornada comienza con una exploración de los ciclos estacionales. Cada estación posee su esencia y energía únicas que reflejan la vida de la Tierra, y las hadas, ligadas a estos ciclos, ofrecen sus percepciones sobre cómo honrar cada fase. En primavera, la Tierra despierta y las hadas se regocijan con el florecimiento de la vida y el nuevo crecimiento; este es un momento para plantar intenciones, establecer metas y abrazar nuevos comienzos. El practicante, guiado por las hadas, se involucra en prácticas que reflejan esta energía: planificando nuevos proyectos, renovando su espacio personal y meditando sobre la renovación. Las hadas, asociadas con flores y vegetación brotando, pueden revelarse a través de señales vibrantes, como la aparición de una flor específica o una sensación repentina de ligereza, reforzando el espíritu de crecimiento.

A medida que el practicante avanza hacia el verano, se alinea con la estación del calor, la vitalidad y la expansión. El verano es una época en que la naturaleza está en plena floración y las hadas celebran esta abundancia danzando por los paisajes exuberantes. El practicante honra esto abrazando su propia plenitud: nutriendo relaciones, practicando la gratitud y celebrando los frutos de intenciones pasadas. Este también es un momento para prácticas de enraizamiento, ya que la energía intensa del verano puede ser inspiradora y abrumadora. Guiado por las hadas de la tierra, el practicante puede meditar sobre el equilibrio, visualizando su energía como enraizada y estable, aprovechando la fuerza de enraizamiento de la propia Tierra para permanecer centrado en medio de la abundancia. Las hadas a menudo responden a esta alineación con el verano intensificando los sentimientos de alegría y apertura, ayudando al practicante a sentirse expansivo y enraizado.

En otoño, la energía comienza a cambiar hacia la liberación y la introspección. Las hadas, guardianas de este tiempo de transición, celebran la cosecha y el arte de dejar ir, recordándole al practicante que esta estación ofrece espacio para la gratitud y la liberación. Para honrar el otoño, el practicante reflexiona sobre lo que le ha servido bien y lo que está listo para liberar, abrazando el ciclo de transformación. Puede pasar tiempo en la naturaleza, sintiendo la frescura del aire, el cambio en los colores y la presencia de las hadas mientras guían las hojas en su descenso. A través de rituales de gratitud y limpieza, como crear un diario de gratitud o limpiar el desorden de su espacio, el practicante se alinea con la energía de conclusión de las hadas y se prepara para la reflexión silenciosa del invierno.

El invierno, un período de descanso y renovación, trae la energía hacia adentro, una estación que las hadas honran a través de la quietud y la inmovilidad. Las hadas enseñan que el invierno no es una estación de ausencia, sino un momento de profunda y silenciosa renovación, donde la Tierra descansa en preparación para una nueva vida. Durante el invierno, el practicante abraza la soledad, la reflexión y la introspección, creando espacio para escuchar profundamente a su propio corazón. Las hadas que habitan cuevas, raíces y las nieves silenciosas se acercan durante esta estación, apoyando el trabajo interior del practicante. Prácticas meditativas, escribir en un diario y honrar momentos de silencio se convierten en portales para el autodescubrimiento, a medida que el practicante usa este tiempo para realinear las intenciones, liberando lo que ya no sirve y nutriendo las chispas silenciosas de nuevas ideas.

Además de las estaciones, el practicante aprende a sintonizarse con el ciclo lunar, un ritmo que las hadas reconocen como un reflejo de energías sutiles. Las fases de la luna (nueva, creciente, llena y menguante) poseen cualidades distintas que las hadas usan para guiar los ciclos de la naturaleza y la jornada del practicante. Durante la luna nueva, las hadas celebran los comienzos, inspirando al practicante a plantar nuevas semillas de intención. Este es un momento para el establecimiento de metas silenciosas, un ritual que las hadas pueden alentar a través de señales de presencia gentil, un brillo suave o una quietud inesperada, afirmando el poder de la intención en la primera luz de la luna.

A medida que la luna crece, volviéndose más brillante cada noche, las hadas guían al practicante hacia la expansión, el coraje y la acción. El practicante da pequeños pasos, alineando sus acciones con la luz creciente de la luna, sintiendo el aliento de las hadas en explosiones sutiles de inspiración o motivación. Cuando llega la luna llena, el practicante se conecta al pico de la energía de la luna, un momento de celebración, iluminación y reflexión. Las hadas a menudo aumentan esta energía, alentando al practicante a celebrar logros, expresar gratitud o participar en un ritual de autoaceptación. Finalmente, durante la luna menguante, las hadas guían al practicante hacia la liberación, permitiendo que las energías se calmen y regresen a la quietud. Este es un momento para la limpieza, el descanso y el desapego, un momento en que el practicante se alinea con los propios ritmos de retiro y renovación de las hadas.

Para profundizar esta conexión, el practicante puede crear un altar estacional que refleje tanto la época del año como la fase lunar. Usando elementos naturales (piedras, hojas, agua o velas), el practicante monta un altar que celebra la esencia de la estación actual y la influencia de la luna. Cada ítem en el altar sirve como un símbolo, una conexión tangible con los ciclos de la Tierra y la presencia de las hadas dentro de ellos. Colores, aromas y texturas estacionales crean una experiencia sensorial que refleja la reverencia de las hadas por los ciclos de la naturaleza, recordándole al practicante su propio lugar en este ritmo.

Una práctica final, la meditación a la luz de la luna, se basa en el ciclo lunar como una herramienta poderosa para la reflexión y la alineación. En una noche en que la luna está visible, el practicante se sienta en silencio bajo su luz, abriéndose a la guía de las hadas y sintiendo la presencia de la energía de la luna mientras lo baña. Con cada respiración, se alinea con la fase de la luna, enfocándose en comienzos, crecimiento, celebración o liberación, según corresponda. Las hadas, naturalmente sintonizadas con las fases de la luna, a menudo aumentan esta experiencia creando una sensación intensificada de paz, un recordatorio de que la alineación con el ritmo de la luna es una forma de honrar el flujo constante de la vida. Esta meditación a la luz de la luna se convierte en un momento sagrado, un momento en que el practicante se siente conectado no solo con la naturaleza, sino con las hadas que caminan con él en cada ciclo.

A través de estas prácticas, el practicante aprende que la alineación con los ciclos naturales es un acto de armonía, una manera de vivir en ritmo con la naturaleza y el espíritu. Cada estación, cada fase de la luna, se convierte en una oportunidad para aprender, crecer y dejar ir, guiado por las hadas que incorporan la sabiduría de estos ciclos. Al abrazar este ritmo, el practicante descubre una paz profunda, una comprensión de que, así como la naturaleza fluye por ciclos de renovación, el espíritu también.

Las hadas, guardianas de este equilibrio sagrado, caminan lado a lado, su presencia un recordatorio de que la vida no es estática, sino una jornada de transformación, una danza a través de la luz y la sombra, el crecimiento y el descanso. A medida que el practicante entra en este flujo, descubre que cada ciclo es un regalo, un momento para honrar el mundo natural y su propio paisaje interior, para siempre entrelazados en la armonía del ritmo gentil e incesante de la Tierra.

Un aspecto significativo de esta alineación profundizada involucra rituales estacionales personalizados, prácticas que permiten al practicante conectar sus intenciones con la energía de la estación actual. Comenzando en primavera, el practicante realiza un ritual de nuevos comienzos, plantando simbólicamente semillas que representan esperanzas, sueños o proyectos que desea desarrollar. Guiado por las hadas, puede esparcir semillas de flores silvestres o plantar hierbas, cada una representando una intención viva. A medida que estas semillas crecen, la presencia de las hadas se siente en la vida emergente, reforzando el compromiso del practicante de nutrir sus sueños junto con los ritmos de la naturaleza.

En verano, cuando la energía alcanza su pico, se anima al practicante a crear un ritual de gratitud y abundancia, donde expresa aprecio por el crecimiento personal y las bendiciones de la Tierra. Recolectando flores o frutos de la naturaleza, crea una pequeña ofrenda, que se coloca al aire libre como una señal de gratitud a las hadas. Este gesto, simple pero significativo, se alinea con el propio sentido de abundancia de las hadas, su alegría reflejada en la plenitud de la generosidad del verano. Las hadas a menudo responden con afirmaciones sutiles, una brisa suave, la aparición repentina de mariposas o una sensación de calor, como si bendijeran la ofrenda y honraran el reconocimiento del practicante por los dones de la vida.

El otoño invita al practicante a participar en rituales de liberación, un momento para reflexionar sobre lo que se ha logrado y dejar ir lo que ya no sirve. Inspirado por las hojas que caen, el practicante anota todo lo que desea liberar (viejos miedos, hábitos o pensamientos) en pequeños trozos de papel, que luego se queman o se entierran respetuosamente. Las hadas, cuya sabiduría está ligada a los ciclos de muerte y renacimiento de la naturaleza, asisten como testigos silenciosos, ofreciendo una sensación de paz y cierre. El ritual transforma esta liberación en un acto de limpieza, abriendo espacio para un nuevo crecimiento. A través de la guía de las hadas, el practicante aprende a ver la liberación como una parte natural de la jornada de la vida, una forma de honrar el pasado mientras se abraza el futuro.

Con la llegada del invierno, el practicante crea un ritual de descanso y renovación, alineándose con las hadas que se retiran a lugares tranquilos y protegidos durante este período. Puede encender una vela, sentarse en silencio en reflexión y concentrarse en la renovación interior, estableciendo intenciones para el trabajo interior que desea realizar. El silencio del invierno se convierte en un espejo para su propia quietud interior, donde nuevas inspiraciones e ideas toman forma silenciosamente, nutridas por la presencia invisible de las hadas. Las hadas, que entienden la fuerza encontrada en el descanso, inspiran al practicante a honrar esta fase sin prisa ni expectativa, sabiendo que la quietud del invierno es necesaria para la vitalidad venidera de la primavera.

Además de los ciclos estacionales, el practicante ahora aprende a sincronizar sus rituales con las fases de la luna, cada fase ofreciendo una energía única que mejora intenciones específicas. Durante la luna nueva, las hadas alientan al practicante a concentrarse en establecer intenciones, plantando las semillas de ideas y aspiraciones. Un ritual simple de la luna nueva puede involucrar sentarse bajo el cielo nocturno, sosteniendo un cristal, flor o símbolo del objetivo del practicante y expresar las intenciones en silencio a las hadas. Este momento de plantación se honra como sagrado, la oscuridad de la luna nueva reflejando el misterio y el potencial de los nuevos comienzos.

A medida que la luna crece, o crece en luz, el practicante se involucra en rituales de manifestación y crecimiento. Guiado por las hadas, toma medidas para acercar sus intenciones a la realidad, tal vez a través de visualizaciones o pequeñas acciones tangibles. Cada día de la luna creciente se convierte en un período de nutrición de estos sueños, con el aliento de las hadas sentido como explosiones de motivación o señales sutiles de progreso. El practicante aprende a ver esta fase como una colaboración continua, donde sus propios esfuerzos y la guía de las hadas trabajan en armonía para cultivar el crecimiento.

En la luna llena, el practicante celebra la culminación de sus esfuerzos. Las hadas, atraídas por la energía de la luna llena, a menudo amplifican las cualidades poderosas de esta fase, alentando rituales de gratitud, claridad e iluminación. El practicante puede realizar una celebración personal, encendiendo velas o colocando flores alrededor de un espacio sagrado, reflexionando sobre lo que se ha logrado y agradeciendo a sí mismo y a las hadas por su apoyo. Este ritual de plenitud se convierte en un recordatorio de que sus esfuerzos, combinados con la influencia invisible de las hadas, han traído transformación y realización.

Con el declive gradual de la luna, el practicante cambia el enfoque hacia la liberación y la reflexión. Así como la luz de la luna disminuye, también lo hace la necesidad de actividad externa; en cambio, el practicante se vuelve hacia adentro, liberando lo que se ha completado y reflexionando sobre las lecciones aprendidas. Guiado por las hadas, realiza rituales simples de limpieza, tal vez usando agua o ahumando con hierbas, para limpiar cualquier energía estancada. Las hadas, que se mueven graciosamente con los ciclos de cambio, inspiran al practicante a dejar ir con facilidad, confiando en que la liberación es una parte natural y necesaria de la jornada. Esta práctica cierra el ciclo lunar, preparando al practicante para comenzar de nuevo con la próxima luna nueva.

Para integrar estos ciclos aún más, al practicante se le presenta la práctica del diario estacional, un método de registrar reflexiones, intenciones e ideas personales en cada fase del año y de la luna. El diario se convierte en un lugar para capturar no solo pensamientos personales, sino también los mensajes, símbolos o señales de las hadas notados en el camino. Con el tiempo, emergen patrones y el practicante comienza a ver cómo cada estación, cada fase lunar, ha moldeado su crecimiento y ha profundizado su conexión con las hadas. Este diario se convierte en una guía preciosa, un registro de ciclos y ritmos que reflejan su jornada en evolución.

En la práctica final, la alineación ritual con los solsticios y equinoccios, el practicante aprende a honrar los principales puntos de inflexión del año como umbrales espirituales profundos. Durante los solsticios de invierno y verano y los equinoccios de primavera y otoño, el practicante realiza rituales que marcan estas transiciones, alineándose con las hadas que celebran los grandes ritmos de la Tierra. En cada solsticio, puede crear un altar con símbolos de luz y oscuridad, reflejando los días más largos y más cortos del año, o recolectar flores, piedras y hojas durante los equinoccios para honrar el equilibrio. Las hadas, guardianas de estos umbrales cósmicos, guían al practicante a través de estas celebraciones sagradas, profundizando su comprensión de la danza perpetua de la vida entre crecimiento y descanso, luz y sombra.

A través de estas prácticas avanzadas, el practicante descubre que alinearse con los ciclos naturales es una forma de vivir en armonía con todo lo que es. Cada estación, cada fase lunar, se convierte en un recordatorio de la fluidez de la vida, donde crecimiento y quietud, comienzo y fin, se entrelazan en un ritmo perfecto. Las hadas, cuya presencia agracia cada momento de esta jornada, le recuerdan al practicante que la vida misma es una serie de ciclos, cada uno conduciendo a una comprensión más profunda, paz y conexión con el mundo.

A medida que el practicante camina en sintonía con estos ritmos, incorpora una sabiduría atemporal, una fuerza silenciosa que proviene de reconocer y honrar los ciclos de la naturaleza y el espíritu. Las hadas, que susurran suavemente en cada fase, permanecen cerca, guías gentiles en este camino de alineación y armonía. De esta manera, la jornada del practicante se convierte en un reflejo de los propios ritmos de la Tierra, una vida en equilibrio, rica en significado, nutrida por la mano invisible y siempre presente de las hadas.

# Capítulo 17
## Prácticas para la Comunidad

A medida que el viaje del practicante con las hadas se profundiza, comienza a percibir que la magia de estos seres se extiende más allá de la práctica personal, ofreciendo formas de enriquecer y armonizar comunidades enteras. Las hadas, cuya presencia impregna bosques, ríos y jardines, no están atrapadas en la soledad; son guardianas de espacios colectivos, nutriendo el equilibrio y la vitalidad en el mundo natural y en los encuentros humanos.

La base de las prácticas comunitarias con las hadas comienza con encuentros intencionales: espacios donde los individuos se reúnen con corazones abiertos, unidos por un propósito que resuena con los ideales del reino de las hadas: respeto, amabilidad y alegría. En la preparación para tales encuentros, el practicante crea un ambiente acogedor, infundido con símbolos y elementos de la naturaleza. Flores frescas, hierbas, cristales y representaciones de los cuatro elementos se colocan intencionalmente para honrar a las hadas e invitarlas a ser parte de la reunión. Estos elementos actúan como invitaciones silenciosas, señalando a las hadas que esta es una reunión alineada con la armonía de la Tierra.

El primer ritual comunitario presentado es el Círculo de la Paz, un encuentro donde los participantes se toman de la mano en un círculo simbólico, cada persona enraizando su energía y concentrándose en crear un espacio pacífico y armonioso. El practicante, actuando como guía, anima a los participantes a cerrar los ojos, respirar profundamente y visualizar la energía de la paz expandiéndose hacia afuera, llenando el círculo y extendiéndose al entorno. En este espacio silencioso, la presencia de las hadas puede sentirse a través de una brisa suave, una quietud repentina o incluso la aparición sutil de símbolos naturales, como hojas cayendo suavemente o pájaros acercándose. Este círculo fortalece los lazos dentro del grupo y crea una atmósfera de calma y unión, un reflejo de la propia naturaleza equilibrada de las hadas.

Otra práctica transformadora es el Altar Comunitario de Intenciones, donde se invita a cada participante a traer un pequeño objeto natural que simbolice una intención personal o colectiva, como curación, prosperidad o protección. El practicante organiza estos objetos en un altar compartido, creando un punto focal para las intenciones colectivas del grupo. A medida que el altar crece con las ofrendas, la energía de las hadas se amplifica, enriqueciendo las intenciones con las bendiciones de la naturaleza. Al final de la reunión, se invita a cada persona a pasar un momento en el altar, agradeciendo silenciosamente a las hadas por su apoyo y sintiendo la energía vibrante del altar. Este altar compartido se convierte en un espacio sagrado que guarda las esperanzas y sueños colectivos del grupo, un recordatorio de que las energías individuales pueden combinarse para crear un cambio poderoso y unificado.

El practicante también presenta el Ritual de Curación Compartida, una ceremonia donde se anima a cada participante a visualizar la energía de curación fluyendo a través del grupo, guiado por la presencia nutritiva de las hadas. Durante este ritual, los participantes forman un círculo cerrado, cada persona colocando la mano en el hombro del vecino o tomándose de la mano, creando una corriente de energía. El practicante luego guía al grupo a través de una visualización, donde cada persona imagina una luz suave y radiante fluyendo de una persona a la siguiente, tejiéndose a través del grupo como hilos de un tapiz compartido. Las hadas, atraídas por este círculo de unión, a menudo aumentan la energía de curación, proporcionando una profunda sensación de paz y renovación. Este ritual recuerda a cada participante la interconexión de todos los seres, un lazo que las hadas aprecian y protegen.

Otra práctica profunda es la Ceremonia de Celebración Estacional, donde el grupo se reúne para honrar el cambio de las estaciones en un entorno comunitario. Cada participante trae símbolos de la estación actual: flores en primavera, hojas caídas en otoño, agua recolectada de un río en verano o piedras y ramas durante el invierno. Juntas, estas ofrendas se colocan en el centro del espacio de reunión, creando un altar estacional que celebra los ciclos de la Tierra. El practicante guía al grupo a través de una meditación que conecta a cada persona con la energía de la estación, promoviendo una alineación colectiva con los ritmos de la naturaleza. Las hadas, que viven en armonía con estos ciclos, a menudo manifiestan su presencia, realzando la celebración con una atmósfera de energía gentil y enraizante. Estas reuniones estacionales fortalecen el vínculo de la comunidad con el mundo natural y entre sí, nutriendo un sentido compartido de pertenencia a la Tierra.

Para profundizar la conexión, el practicante presenta las Caminatas Colectivas en la Naturaleza, donde el grupo explora un espacio natural con la intención de observar, escuchar y aprender del entorno. Estas caminatas animan a los participantes a moverse con atención, percibiendo señales de la presencia de las hadas: reflejos brillantes en las hojas, un silenciamiento repentino del sonido o pequeños símbolos como plumas o piedras que parecen aparecer en su camino. Se anima a cada participante a llevar un pequeño diario o cuaderno de dibujo para capturar sus impresiones y cualquier mensaje que sientan que las hadas están ofreciendo al grupo. La experiencia compartida de caminar por la naturaleza con conciencia crea un espacio de armonía y reflexión, permitiendo que el grupo sienta la unidad que existe entre los humanos y el reino de las hadas.

En la práctica final, la Ceremonia de Gratitud por la Tierra, el grupo se reúne para honrar a la Tierra y expresar gratitud por sus dones infinitos. Este ritual tiene lugar en un entorno natural, donde cada participante ofrece algo a la tierra: un puñado de semillas, una pequeña piedra o incluso unas gotas de agua. El practicante conduce al grupo en una oración de gratitud, un reconocimiento silencioso de la belleza y la resiliencia de la Tierra. Las hadas, que sirven como guardianas de la tierra, a menudo responden a esta gratitud, llenando el aire con una sensación de paz y aprecio. Esta ceremonia fortalece el vínculo entre la comunidad y el mundo natural, un recordatorio de que la verdadera conexión comienza con el respeto y el agradecimiento.

A través de estas prácticas, el practicante y el grupo llegan a comprender que la influencia de las hadas se extiende más allá del individuo, alcanzando la energía colectiva que une a las comunidades. Estas reuniones se convierten en espacios de curación, reflexión y alegría, eco de la propia reverencia de las hadas por la interconexión de toda la vida. Al honrar el mundo natural y a los demás, los participantes crean una red de energía positiva que nutre a la Tierra, a las hadas y a la propia comunidad.

Al dar vida a estas prácticas comunitarias, el practicante se convierte en un puente entre el mundo humano y el reino de las hadas, creando espacios donde la gentil sabiduría de las hadas puede guiar e inspirar. En cada encuentro, cada ritual, la comunidad siente el toque de las hadas, cuya presencia amplifica el amor, la curación y la unión. A través de este viaje compartido, el practicante y su comunidad descubren que la magia de las hadas no es solo una experiencia privada, sino un regalo que fluye hacia afuera, enriqueciendo a todos los que están abiertos a la belleza de la conexión compartida de la vida.

A medida que las prácticas comunitarias con las hadas evolucionan, el practicante aprende a promover una armonía, confianza y cohesión más profundas entre los participantes. Esta comprensión avanzada de los rituales comunitarios enfatiza el poder de la intención colectiva y la unidad, ya que las hadas desempeñan un papel único en el fortalecimiento de los lazos que conectan a las personas. A través de estas prácticas expandidas, el practicante guía a su comunidad hacia una alineación aún más estrecha con las energías de la Tierra y las hadas, permitiendo que cada persona experimente la magia sutil que fluye cuando un grupo está unido en propósito y reverencia.

Una práctica fundamental para profundizar las conexiones comunitarias es la Reunión de Intenciones Compartidas. En esta ceremonia, se invita a los participantes a traer una intención que resuene con el propósito colectivo del grupo, como paz, curación o protección. Para amplificar el sentido de unidad, el practicante prepara un altar central lleno de representaciones de cada intención: plumas para la libertad, velas para la esperanza y piedras para la estabilidad. Cada participante recibe un pequeño recuerdo, como una piedra o un pétalo de flor, en el que puede enfocar silenciosamente su intención. A medida que cada persona agrega su recuerdo al altar, una sensación palpable de energía colectiva llena el espacio. Las hadas, atraídas por la intención enfocada del grupo, a menudo aumentan esta energía, creando una sensación sutil de calor o claridad que impregna la reunión.

En alineación con esta práctica, el grupo puede participar en una Ceremonia de Armonía y Enraizamiento. Este ritual sirve para sincronizar las energías de cada individuo, creando un espacio equilibrado y centrado con el que las hadas pueden alinearse más fácilmente. Reuniéndose en un entorno natural, los participantes forman un círculo y, liderados por el practicante, cada uno coloca la mano en la tierra, aprovechando la energía de enraizamiento de la naturaleza. Las hadas, que naturalmente trabajan con las propiedades de enraizamiento de la Tierra, se unen a este enraizamiento colectivo, a menudo aumentando las sensaciones de estabilidad y calma de los participantes. Esta práctica ayuda a cada persona a sentirse conectada a la tierra, a los demás y al reino de las hadas, una presencia unificada enraizada en la armonía y el equilibrio.

 Una práctica avanzada que se basa en el sentido de unidad del grupo es el Círculo de Invocación Elemental. En esta ceremonia, los participantes trabajan con los cuatro elementos primarios (tierra, agua, fuego y aire), cada uno de los cuales está guiado por hadas específicas. Dividiéndose en pequeños grupos, cada grupo representa un elemento y trae símbolos asociados con ese elemento al círculo (como una piedra para la tierra, una concha para el agua, una vela para el fuego y una pluma para el aire). Con un sentido de reverencia compartida, cada grupo se turna para invocar a su elemento y a sus hadas guardianas, expresando gratitud y pidiendo la bendición del elemento. A medida que se invoca cada elemento, las energías se entrelazan, creando una atmósfera poderosa y equilibrada. La presencia de las hadas se vuelve casi tangible, realzando el ritual con una sensación de unidad, ya que cada participante siente tanto su individualidad como su conexión con el todo.

Para profundizar la armonía colectiva, el practicante puede conducir una Ceremonia de Respiración Compartida, una práctica que unifica al grupo a través de la respiración sincronizada. De pie o sentados en círculo, los participantes cierran los ojos y son guiados a respirar juntos, cada uno inhalando y exhalando como uno solo. Este ritmo compartido de respiración se convierte en una meditación en movimiento, un recordatorio de que toda la vida está interconectada. A medida que el grupo respira junto, las hadas son naturalmente atraídas por la sincronicidad, aumentando el enfoque y la calma del grupo. La respiración colectiva gradualmente se vuelve más lenta y profunda, creando un espacio sagrado donde cada individuo siente su conexión con la fuerza vital que fluye a través de la naturaleza, la humanidad y el reino de las hadas. Esta práctica construye confianza y un profundo sentido de paz, anclando al grupo en la presencia compartida.

Otra práctica comunitaria avanzada es el Círculo de Afirmaciones de Curación, donde los participantes crean una afirmación colectiva para traer paz, curación o transformación al grupo o a una comunidad más amplia. El practicante invita a cada persona a compartir una palabra o frase que refleje un aspecto de la curación, como "amor", "paz" o "renovación". Estas palabras luego se tejen en una sola afirmación, que el grupo repite junto. Las hadas, que están sintonizadas con las energías de curación dentro de las palabras y los sonidos, responden a la vibración de estas afirmaciones, amplificando su impacto. Esta afirmación compartida se transforma en una ola de energía de curación que irradia hacia afuera, tocando a cada participante y alcanzando a la comunidad en general. El grupo a menudo siente la energía de las hadas como una sensación suave que fluye entre ellos, un recordatorio del poder transformador que emerge de voces unificadas.

Una práctica final y poderosa es la Creación de la Mandala de la Naturaleza, donde el grupo reúne objetos naturales (hojas, piedras, flores y ramas) para crear una mandala en la tierra. Esta mandala simboliza la unidad, la diversidad y el equilibrio dentro del grupo, con cada objeto representando un aspecto único de la energía colectiva. A medida que los participantes colocan cada elemento con atención en la mandala, pueden ofrecer una bendición o intención silenciosa. Una vez que la mandala está completa, el practicante conduce una meditación silenciosa, permitiendo que el grupo contemple la belleza y la armonía que co-crearon. Las hadas, cuya energía es naturalmente atraída por patrones y geometría sagrada, a menudo aumentan la experiencia, dejando sutiles signos de su presencia, como brillos en las hojas o una sensación intensificada de tranquilidad. Esta mandala compartida sirve como un testimonio de la unidad del grupo, un recordatorio físico de que sus energías combinadas crean algo hermoso y duradero.

Estas prácticas avanzadas no solo aumentan los lazos comunitarios, sino que también promueven una energía colectiva que refleja la armonía y el equilibrio que las hadas aprecian. Cada ritual, ceremonia y encuentro se convierte en un testimonio vivo del poder del propósito compartido, recordando a los participantes que son parte de algo más grande, algo que trasciende al individuo. Al honrar sus espíritus únicos y su interconexión, el grupo experimenta el impacto gentil, pero profundo, de las hadas, cuya presencia nutre, apoya y eleva cada alma.

A través de estas prácticas, el practicante y su comunidad construyen un espacio de unidad y amor duraderos, un reflejo de la sabiduría atemporal de las hadas. Estas reuniones se convierten en más que rituales; se convierten en momentos donde los corazones se encuentran, donde las manos se unen y donde los susurros del reino de las hadas resuenan en la respiración compartida de la comunidad. En este espacio, cada persona siente la belleza de la pertenencia, la fuerza de la unidad y la presencia silenciosa, pero poderosa, de las hadas, guardianas de la sagrada armonía de la Tierra.

# Capítulo 18
# Ritual de la Sabiduría Interior

A medida que el viaje del practicante se profundiza, es atraído hacia el pozo silencioso de la sabiduría interior, una fuente de discernimiento y claridad que reside en cada alma. Las hadas, guardianas de verdades sutiles, guían al practicante a explorar este paisaje interior, donde residen la intuición y la comprensión espiritual.

El camino hacia la sabiduría interior comienza con la Reflexión Guiada, una práctica que crea un espacio sagrado para el autodescubrimiento. En preparación, el practicante reúne símbolos de conexión a tierra y claridad, como cristales o plantas específicas que resuenan con su viaje. Sentado en un espacio tranquilo, se centra, invitando a la presencia de las hadas para crear una atmósfera de calma. A través de la visualización suave, el practicante se imagina caminando por un sendero que lleva a lo profundo de su propia conciencia, guiado por el brillo sutil de la energía de las hadas. Al viajar hacia adentro, hace preguntas abiertas, permitiendo que su intuición responda con imágenes, palabras o sentimientos. Las hadas, siempre atentas al flujo de energía, pueden proporcionar afirmaciones a través de señales sutiles, como una repentina sensación de calor o una suave sensación de paz. Esta práctica revela que la sabiduría interior no es distante; es una voz interior, esperando ser escuchada.

Otra herramienta esencial para desbloquear la sabiduría interior es el Espejo de la Reflexión, un ritual en el que el practicante mira un cuenco de agua o una superficie reflectante, conectándose con su propia esencia. Las hadas, que poseen una profunda conexión con el agua como conductor de memoria e intuición, mejoran este ritual amplificando las propiedades reflectantes del agua. El practicante mira el reflejo, respirando profundamente y permitiendo que su mente se calme en la quietud. Mientras observa las ondulaciones y reflejos, los insights comienzan a emerger, su propio subconsciente hablando en símbolos e imágenes. Las hadas, que guían estas visiones, a menudo proporcionan impresiones que profundizan la comprensión del practicante, mostrando que la verdadera sabiduría fluye como el agua: silenciosa, clara y gentil. Este ritual se convierte en una meditación de autoconexión, donde las verdades interiores se revelan sin fuerza, surgiendo naturalmente desde adentro.

Para involucrarse aún más con la sabiduría interior, el practicante aprende el Ritual de las Preguntas Susurradas, una práctica inspirada por el propio amor de las hadas por el silencio y la sutileza. En este ritual, el practicante entra en un espacio exterior tranquilo, rodeado de árboles, flores o piedras. De pie con los ojos cerrados, hace una pregunta a su yo interior, formulándola como un susurro suave y permitiendo que las palabras se disuelvan en el aire. Las hadas, atraídas por la reverencia silenciosa del ritual, responden a través de la naturaleza: un crujir de hojas, el canto de un pájaro o una brisa repentina. Cada señal es una respuesta, parte de la conversación entre el practicante y su sabiduría interior. Esta práctica enseña que la sabiduría a menudo viene a través de la observación silenciosa y que el mundo circundante refleja las respuestas ya contenidas en el interior.

El practicante luego explora el Camino de la Meditación Silenciosa, una práctica que cultiva la quietud como base para recibir insights. Sentado al aire libre o en un espacio lleno de elementos naturales, el practicante cierra los ojos y se permite concentrarse solo en su respiración, conectándose con el momento presente. Mientras respira, imagina su respiración como un hilo que lo conecta con la presencia de las hadas, un puente entre su yo interior y el espíritu de la naturaleza. Las hadas, que habitan estos espacios silenciosos, a menudo traen un cambio sutil en la percepción, aumentando la sensibilidad del practicante a los pensamientos y emociones interiores. A través de esta meditación silenciosa y enfocada, los insights surgen no como revelaciones repentinas, sino como comprensiones gentiles, emergiendo de las profundidades de la propia conciencia del practicante. Esta práctica se convierte en una forma de acceder a la sabiduría no a través de la búsqueda, sino simplemente a través del ser, permitiendo que la sabiduría se revele naturalmente.

En el Diario de los Mensajes de los Sueños, el practicante se conecta con su subconsciente registrando los sueños cada mañana, viéndolos como mensajes de su mundo interior. Las hadas, conocidas por trabajar en el reino de los sueños, a menudo se comunican a través de símbolos e impresiones durante el sueño, guiando al practicante hacia un autoconocimiento más profundo. Al despertar, el practicante registra cualquier imagen, sentimiento o narrativa que persista, tratando cada uno como un mensaje simbólico. Los patrones generalmente emergen con el tiempo, revelando insights y guiando el viaje del practicante. A través de esta práctica, las hadas ayudan a revelar que la sabiduría no se limita a las horas de vigilia, sino que está entrelazada en la estructura del subconsciente. Al honrar los sueños como un camino hacia la verdad interior, el practicante aprende que la sabiduría está siempre presente, guiando gentilmente cada paso.

Finalmente, el practicante se involucra en el Ritual del Consejo Interior, una práctica de visualización donde se conecta con aspectos de su propia sabiduría interior, simbolizados como guías antiguos o figuras sabias. En un espacio tranquilo, visualiza la entrada a un bosque o jardín, donde se encuentra con estos guías, tal vez un anciano sabio, un protector tranquilo o un niño alegre. Estas figuras, extensiones de su propia sabiduría interior, ofrecen orientación, seguridad y respuestas a las preguntas hechas por el practicante. Las hadas, que se deleitan con la transformación del espíritu, mejoran esta experiencia, creando una sensación de conexión que se siente familiar y profunda. Cada guía habla con una parte diferente del yo interior del practicante, recordándole que la sabiduría es multifacética y que las respuestas generalmente provienen de abrazar cada parte de su viaje.

A través de estos rituales y prácticas, el practicante construye una relación con su sabiduría interior, aprendiendo a escuchar con el corazón tanto como con la mente. Las hadas, aliadas silenciosas en este viaje, revelan que la verdad interior es tan natural como los ciclos de la naturaleza, siempre presente y esperando ser descubierta. A medida que el practicante crece en confianza y claridad, descubre que el verdadero propósito de la sabiduría no es simplemente saber, sino guiar, inspirar y traer equilibrio al espíritu. La guía silenciosa de las hadas enseña que la sabiduría es gentil, sutil y profundamente personal, un reflejo de la belleza de la naturaleza y del viaje único del practicante.

El viaje hacia la sabiduría interior comienza con la Práctica de la Interpretación de Símbolos, donde el practicante aprende a leer el lenguaje sutil de los símbolos que emergen en meditaciones, sueños y en la naturaleza. Las hadas, maestras de lo simbólico y lo invisible, prestan su presencia mientras el practicante examina imágenes recurrentes, como plumas, agua o luz, que aparecen en su práctica. Al registrar estos símbolos en un diario dedicado, el practicante comienza a descifrar patrones y significados que hablan de su camino único. Guiado por la intuición y la influencia sutil de las hadas, cada símbolo se convierte en una pieza de un tapiz más grande, reflejando el crecimiento, las preguntas y los insights del practicante. Con el tiempo, el practicante se da cuenta de que estos símbolos ofrecen sabiduría atemporal, como guía susurrada de las hadas, alineada con la verdad de su viaje.

Para profundizar esta conexión, el practicante se involucra en el Ritual de la Piedra Parlante. Esta práctica ancestral implica la selección de una pequeña piedra lisa de la naturaleza, un símbolo que representa estabilidad, memoria y la resistencia silenciosa de la sabiduría. Sosteniendo la piedra en la mano, el practicante entra en un estado de reflexión meditativa, haciendo una pregunta específica o buscando orientación sobre un asunto personal. En la quietud, escucha los insights que puedan surgir, confiando en que las hadas tejerán su energía en la respuesta. La piedra, imbuida de la intención del practicante, se convierte en una piedra de toque que puede llevar, un recordatorio de la orientación de las hadas. Cada vez que el practicante sostiene la piedra, se reconecta con la sabiduría ofrecida durante el ritual, conectándose a tierra en la garantía silenciosa del conocimiento interior.

El practicante luego explora la Meditación del Espejo, una práctica que combina visualización y autorreflexión para revelar capas ocultas de sabiduría interior. Sentado frente a un espejo, enciende una vela, simbolizando claridad e iluminación. Mirando su propio reflejo, imagina a las hadas reuniéndose alrededor, su presencia suavizando cualquier barrera entre el pensamiento consciente y el subconsciente. Este ritual permite que el practicante observe su propia esencia, libre de juicio o expectativa. Con la energía gentil de las hadas, comienza a percibir no solo el yo superficial, sino las profundidades de su espíritu, revelando verdades que a menudo permanecen ocultas en la vida cotidiana. Esta práctica se convierte en un ejercicio gentil de autoaceptación, donde la sabiduría surge de un profundo sentido de compasión por uno mismo.

Para fortalecer su respuesta intuitiva, el practicante practica el Camino del Conocimiento Silencioso, una meditación que promueve la confianza en sus primeras impresiones y sensaciones sutiles. Guiado por la sensibilidad de las hadas a la energía, aprende a prestar atención a los sentimientos o pensamientos inmediatos que surgen cuando se enfrenta a una pregunta o decisión. En lugar de buscar confirmación externamente, el practicante aprende a confiar en esta respuesta inicial e instintiva como una expresión de la sabiduría interior. Con el tiempo, esta práctica le enseña a confiar en la influencia de las hadas, sintiendo que su voz interior se alinea con la guía de ellas, como dos corrientes fluyendo en armonía. Este camino se convierte en un viaje de profundización de la confianza, donde el practicante descubre que su sabiduría interior, cuando se honra, lo conduce firmemente hacia adelante.

En el Ritual de la Escritura Sagrada, el practicante canaliza su intuición a través del acto de escribir en un diario, permitiendo que pensamientos, reflexiones y mensajes fluyan libremente en la página. Con las hadas como testigos silenciosas, crea un espacio para la escritura espontánea, donde cada palabra se convierte en un hilo que conecta el pensamiento consciente con el insight subconsciente. El practicante puede comenzar haciendo una pregunta o simplemente abriéndose a cualquier mensaje que desee emerger. Escribiendo sin pausa ni censura, permite que las palabras se desarrollen naturalmente, capturando insights fugaces y verdades gentiles. Las hadas, sintonizadas con el flujo sutil de expresión, amplifican la claridad y la profundidad de los mensajes que surgen. Este ritual se convierte en una práctica de autodiálogo, donde la sabiduría interior habla libremente, guiada por el incentivo silencioso de las hadas.

Otra práctica transformadora es el Círculo de los Guías Interiores, una visualización en la que el practicante invoca representaciones simbólicas de su propia sabiduría y fuerza. Sentado en un espacio tranquilo y sagrado, se visualiza rodeado de figuras sabias, tal vez un anciano, un curandero compasivo o un animal espiritual, cada uno incorporando un aspecto de su propia guía interior. Con la presencia de las hadas aumentando la visualización, el practicante recibe consejos, insights o garantías de cada figura. Estos guías internos actúan como canales de la propia sabiduría del practicante, iluminando diferentes perspectivas y enfoques. A medida que las hadas fortalecen este círculo, el practicante gana una sensación de totalidad y apoyo, sintiendo que cada guía es una faceta de su propio espíritu, revelando sabiduría interior.

Para completar su exploración, el practicante crea un Altar de la Sabiduría Simbólica, un espacio sagrado lleno de objetos que resuenan con su verdad interior y sirven como recordatorios de los insights obtenidos. Cada ítem, una pluma, un cristal, una flor o un trozo de madera, representa una lección o aspecto diferente de su viaje. Organizados cuidadosamente, estos objetos forman un tapiz de símbolos que incorporan el camino del practicante. Las hadas, atraídas por la intencionalidad de este altar, a menudo dejan señales sutiles de su presencia: un brillo de luz, la caída suave de un pétalo o una sensación de calor. Este altar se convierte en una representación física de la sabiduría interior, un espacio al que el practicante puede regresar cuando busca claridad o conexión con su propia verdad. A través de esta práctica, las hadas recuerdan al practicante que la sabiduría es un viaje, que está continuamente desplegándose y expandiéndose.

Estas prácticas avanzadas profundizan la relación del practicante con su propia sabiduría interior, revelando insights que iluminan su camino hacia adelante. Las hadas, que entienden las sutilezas del espíritu y el lenguaje de los símbolos, apoyan este viaje con una presencia gentil y orientadora. A medida que el practicante se mueve entre la reflexión, la meditación y la visualización, descubre que la sabiduría interior no es un destino, sino un modo de ser, un modo de escuchar, confiar y honrar las verdades silenciosas que surgen desde adentro. Cada ritual, cada símbolo, se convierte en un portal hacia la comprensión, un puente entre la mente consciente y las vastas profundidades intuitivas del espíritu.

A través de este viaje, el practicante aprende que la sabiduría interior fluye naturalmente cuando está alineado con la guía gentil de las hadas. Esta conexión se convierte en una compañera para toda la vida, una presencia que susurra suavemente, ayudándolo a navegar por la vida con claridad, compasión y discernimiento. Al honrar su propia sabiduría, el practicante camina en armonía con las hadas, abrazando la magia sutil que reside en cada momento, cada respiración, cada suave recordatorio del conocimiento innato de su alma.

# Capítulo 19
## Cuidando del Altar

A medida que la conexión del practicante con el reino de las hadas se profundiza, la necesidad de un espacio sagrado y dedicado se vuelve cada vez más esencial. El altar, un punto de foco y reverencia, sirve como un puente entre el mundo humano y el reino de las hadas. Es aquí donde el practicante puede sentir la presencia de estos seres elementales, invitando su energía a un espacio imbuido de intención, gratitud y respeto.

El proceso de creación de un altar comienza con la Elección de un Lugar Sagrado. El practicante selecciona un lugar donde se sienta en paz y cerca de la naturaleza, ya sea en un ambiente interno cerca de una ventana que permita la entrada de luz natural, o al aire libre en un rincón tranquilo del jardín. Las hadas, naturalmente atraídas por lugares de tranquilidad y armonía, son más propensas a visitar un altar posicionado con cuidado e intención. Este espacio elegido se convierte en un santuario, un área dedicada donde el practicante puede retirarse, reflexionar e invitar a las hadas a su vida diaria.

Una vez que el lugar es elegido, el practicante se concentra en Seleccionar Símbolos Elementales que resuenan con las hadas y el mundo natural. Cada elemento - tierra, agua, fuego y aire - tiene sus propios símbolos únicos, y al incorporarlos, el practicante refleja la conexión de las hadas con los elementos. Una pequeña piedra o cristal puede representar la tierra; una concha o cuenco de agua incorpora el agua; una vela o llama significa fuego; y plumas o incienso incorporan el aire. Cada ítem, cuidadosamente seleccionado y colocado, invita a las hadas asociadas a cada elemento a sentirse bienvenidas. Este equilibrio de símbolos sirve como una invitación para hadas de todos los tipos, creando una energía armoniosa que refleja su mundo.

El practicante entonces añade Toques Personales que llevan un significado especial. Estos ítems, como una flor favorita, una joya preciosa o una bendición escrita, sirven como recordatorios de las intenciones y del viaje único del practicante. Estos toques personales expresan sinceridad e individualidad, dos cualidades que atraen a las hadas, que responden a la autenticidad y a las ofrendas sinceras. El altar se convierte, así, no solo en un espacio de conexión con las hadas, sino también en un reflejo del espíritu del practicante, haciéndolo un espacio verdaderamente único y sagrado.

La Ofrenda de Elementos Naturales Frescos es una práctica fundamental en el cuidado del altar. Las hadas son naturalmente atraídas por la energía viva, y flores frescas, hierbas, hojas o pequeños frutos colocados en el altar señalan respeto y hospitalidad. Cada ofrenda es un regalo de la tierra, un recordatorio de la gratitud del practicante por la presencia de las hadas. Sustituir estas ofrendas regularmente mantiene el altar vibrante y vivo, un reflejo de la energía siempre renovadora de la naturaleza. Las hadas, sensibles a la intención detrás de estas ofrendas, a menudo responden con una sensación de calor o tranquilidad, como si reconocieran el esfuerzo y el cuidado invertidos en el altar.

Para mantener la armonía energética del altar, el practicante practica la Limpieza Energética, limpiando el espacio regularmente de energía estancada o acumulada. Las hadas, que son naturalmente atraídas por espacios limpios y equilibrados, resuenan profundamente con un altar limpio y bien conservado. Una limpieza simple puede ser realizada quemando incienso o hierbas, como salvia, lavanda o romero, permitiendo que el humo purifique y renueve el altar. Este humo, gentilmente esparcido sobre cada objeto, se lleva cualquier peso, dejando solo una energía ligera y receptiva que acoge a las hadas. El practicante también puede visualizar una luz suave envolviendo el altar, renovando su energía y reafirmando el espacio como un lugar de pureza e intención.

En la práctica de la Renovación Estacional, el practicante honra los ciclos de la naturaleza actualizando el altar para reflejar los cambios de las estaciones. Cada estación trae una energía única - el crecimiento floreciente de la primavera, el calor del verano, la reflexión silenciosa del otoño y la quietud del invierno. El practicante decora el altar con símbolos y colores de la estación actual, alineándose con los ritmos naturales de las hadas. Flores frescas en la primavera, hojas verdes o piedras besadas por el sol en el verano, hojas caídas en el otoño y ramas perennes o piedras en el invierno pueden reflejar este ciclo estacional. Este acto de renovación estacional invita a las hadas a celebrar los ciclos de la tierra al lado del practicante, fortaleciendo su vínculo a través de la observancia compartida.

La práctica fundamental final son los Rituales Diarios de Gratitud, donde el practicante pasa algunos momentos al día en el altar, ofreciendo gratitud silenciosa a las hadas por su presencia y orientación. Con el corazón quieto, el practicante expresa aprecio por los dones visibles e invisibles que las hadas traen, como sentimientos de paz, claridad o pequeñas señales en la naturaleza. Las hadas, sintonizadas con la energía de la gratitud, a menudo responden con señales sutiles - un cambio en la luz, una sensación de calor o un momento de quietud. Esta práctica diaria de gratitud mantiene el altar vibrante y vivo, un espacio donde el practicante y las hadas se encuentran en reverencia y alegría compartidas.

A través de estas prácticas fundamentales, el altar se convierte en más que una simple colección de objetos; se transforma en un espacio vivo y vibrante donde las hadas se sienten bienvenidas y donde el practicante puede conectarse a su mundo interior y al espíritu de la naturaleza. Cada elemento, cada ofrenda, se convierte en una expresión del compromiso del practicante en honrar el reino de las hadas, creando un espacio repleto de energía de respeto, amor e intención.

A medida que el practicante cuida de su altar, descubre que este espacio sagrado también nutre su propio espíritu, trayendo paz, claridad y una sensación de conexión. Las hadas, guardianas de los secretos de la naturaleza, sienten la sinceridad de las intenciones del practicante y a menudo dejan gentiles recordatorios de su presencia - un brillo de luz, un susurro de viento o una sensación interior de calma. Este altar, creado con cuidado y mantenido con amor, sirve como un puente para el reino de las hadas, un lugar de transformación, armonía y comprensión mutua. El practicante, al cuidar este espacio, aprende la esencia de la devoción, descubriendo que el cuidado que ofrece es reflejado de vuelta hacia sí, llenando su espíritu con una alegría silenciosa y duradera.

El viaje de profundización del cuidado con el altar comienza con la práctica de Consagrar el Altar. El practicante dedica el altar como un portal sagrado para el reino de las hadas, un ritual de reconocimiento e intención que señala a las hadas que este espacio es un verdadero refugio de conexión. Para consagrar el altar, el practicante puede elegir invocar los elementos y llamar a las hadas asociadas a cada uno, invitando sus bendiciones y energía para infundir el espacio. Con un pequeño cuenco de sal, una pluma, la llama de una vela y una concha o agua, el practicante se mueve en sentido horario alrededor del altar, tocando suavemente cada ítem y recitando una bendición personal. Este acto de consagración solidifica el altar como un espacio dedicado, invitando la presencia protectora y orientadora de las hadas a habitar en él.

Una vez consagrado, el practicante puede involucrarse en el Arte de la Personalización, añadiendo ítems que reflejan intenciones específicas o aspectos de su camino espiritual. Las hadas, que aprecian expresiones únicas de espíritu, son atraídas por la individualidad de un altar personalizado. El practicante puede incluir símbolos personales, como una estatuilla esculpida, una afirmación escrita a mano o un pequeño objeto con significado personal. Con el tiempo, cada ítem se convierte en un hilo en la tapicería del altar, incorporando una capa diferente de intención, memoria y gratitud. Este toque personal invita a una relación única con las hadas, que habla del viaje y del crecimiento del practicante.

Para ampliar la energía del altar, el practicante puede incorporar la Práctica de Rejillas de Cristal, usando cristales para crear una red de energía que aumenta la resonancia del altar con el reino de las hadas. Cristales como cuarzo rosa, amatista y cuarzo transparente son cuidadosamente dispuestos en patrones geométricos que atraen energía positiva y amplifican la frecuencia vibracional del espacio. El practicante puede crear una rejilla específica para su foco actual - ya sea cura, protección o insight - colocando la rejilla en el centro del altar y visualizándola como un faro de intención que se conecta al reino de las hadas. Las hadas, sensibles a la energía pura de los cristales, a menudo responden mejorando el espacio con una sensación de calor, claridad o presencia pacífica, un reconocimiento silencioso de la intención del practicante.

En armonía con los ciclos naturales, el practicante se involucra en Alteraciones Lunares y Estacionales. Esta práctica implica adaptar los elementos del altar para reflejar las fases de la luna y los cambios en las estaciones, alineándolo con los ritmos que guían tanto la naturaleza como a las hadas. Durante la luna nueva, por ejemplo, el practicante puede limpiar y renovar el altar, añadiendo símbolos de renovación y definición de intenciones. Durante la luna llena, puede añadir símbolos de abundancia y gratitud, reflejando la culminación de las energías. Cada estación también trae su propia influencia: flores frescas y botones en la primavera, hojas verdes o piedras brillantes en el verano, hojas otoñales y ofrendas de la cosecha en el otoño y ramas perennes en el invierno. Estas alteraciones mantienen el altar dinámico y vivo, creando un ritmo que espeja los ciclos de la tierra, profundizando el vínculo de las hadas con el practicante a medida que alinean sus prácticas con el latido del corazón de la naturaleza.

Para momentos en que el practicante busca un propósito específico, la Creación de un Espacio de Intención Enfocada es un método poderoso para invitar la energía de las hadas para un objetivo o período particular. Esto puede ser para un momento de cura, protección o crecimiento. El practicante selecciona objetos que resuenan con ese propósito - como velas para la claridad, hierbas para el enraizamiento o amuletos para la protección - y los coloca en el centro del altar, rodeándolos con símbolos de los cuatro elementos. El practicante entonces declara su intención en voz alta, ofreciéndola a las hadas con la invitación para ayudar en la manifestación del objetivo. Al enfocar su energía, el altar se convierte en un imán para la asistencia de las hadas, un espacio donde la intención y la presencia de las hadas se unen para traer orientación y apoyo. Este espacio de intención enfocada puede ser una configuración temporal o una adición a largo plazo, dependiendo del viaje del practicante.

Un ritual avanzado para mantener la armonía del altar es el Realineamiento Energético Periódico, donde el practicante evalúa y redefine la energía del altar. Esto implica limpiar y recargar el espacio, creando un flujo de energía equilibrado y receptivo. Para realinear el altar, el practicante puede usar el sonido, como una campana o cuenco cantante, para cambiar la energía estancada, seguido por una visualización de luz envolviendo el altar, refrescándolo con vitalidad renovada. Las hadas, que resuenan con energía armoniosa, son naturalmente atraídas por un altar realineado, a menudo dejando impresiones sutiles de su presencia - una sensación de tranquilidad o un brillo suave en un objeto. Este ritual de realineamiento fortalece el poder del altar como un espacio de conexión, haciéndolo un canal aún más claro para la energía de las hadas.

La práctica final en el cuidado avanzado del altar es la Interpretación de las Respuestas Energéticas del altar. El practicante aprende a reconocer las respuestas sutiles de las hadas a sus cuidados y ofrendas, ya sea una sensación de calor, una quietud repentina o una sensación intuitiva de la presencia de las hadas. Estas respuestas sirven como afirmaciones, un reconocimiento gentil de los esfuerzos y sinceridad del practicante. Al observar estas respuestas, el practicante mejora su sensibilidad, entendiendo que la energía de las hadas fluye en armonía con la suya. Esta práctica de observación profundiza la intuición del practicante, haciendo del altar un lugar donde la comunicación entre los reinos ocurre en susurros, sensaciones y momentos de percepción silenciosa.

A través de estas prácticas avanzadas, el altar se convierte en un reflejo vivo del viaje y devoción del practicante, un espacio que evoluciona a medida que crece, adaptándose a los ritmos de su espíritu y del mundo natural. Cada ritual, cada ajuste, se convierte en un acto de alineación, un gesto de respeto que invita a las hadas a acercarse. Este espacio sagrado, cuidado con amor y atención plena, sirve como un puente no solo para el reino de las hadas, sino para el propio mundo interior del practicante, donde cada elemento y objeto se convierte en un símbolo de unidad, armonía e intención compartida.

En este viaje de cuidar del altar, el practicante descubre que el espacio se convierte en un espejo, un lugar donde ve su propio crecimiento, desafíos y alegrías reflejadas. Las hadas, que se deleitan con esta relación en constante evolución, a menudo responden con señales gentiles, una afirmación silenciosa de que su presencia está cerca. A través del altar, el practicante aprende el arte de la devoción y conexión, descubriendo que el amor y el cuidado que ofrece retornan a él multiplicados, profundizando su vínculo con las hadas y con el ritmo natural de la propia vida.

# Capítulo 20
# Protección Espiritual Avanzada

En los reinos sutiles donde habitan las hadas, la protección no es meramente un escudo contra daños, sino un arte delicado: un tejido de intenciones, energías y respeto por las fuerzas naturales. A medida que los practicantes avanzan en su viaje espiritual, reconocen la necesidad de formas elevadas de protección, que resuenen con las complejidades de su conexión con las hadas.

El primer paso en este viaje implica la Comprensión de los Escudos de Energía, una práctica arraigada en la conciencia y la intención. Los escudos de energía funcionan como barreras invisibles, diseñadas para repeler energías negativas, manteniendo la armonía con el entorno. Con la asistencia de las hadas, estos escudos se convierten en algo más que defensas estáticas: son extensiones vivas y respirables del aura del practicante, respondiendo a los cambios en la energía y la necesidad. Para iniciar este proceso, se anima a los practicantes a centrarse en un estado de calma, visualizando una luz envolvente que los rodea y protege. Esta luz, imbuida de la intención de paz y seguridad, se convierte en un amortiguador que las hadas pueden amplificar. Al invocar a las hadas para imbuir este escudo con su energía sutil, el practicante gana una sensación de seguridad y ligereza intensificadas, una afirmación de que las fuerzas protectoras de las hadas están en acción.

Los Elementos de la Naturaleza como Aliados Protectores también entran en juego, con cada elemento ofreciendo una forma única de defensa. La Tierra, con sus cualidades de conexión a tierra, puede usarse para anclar la energía del practicante, creando una base estable que resiste las interrupciones externas. Piedras y cristales, especialmente turmalina negra, obsidiana o hematita, se colocan en las esquinas del espacio de uno, actuando como guardianes que absorben y neutralizan energías no deseadas. El Agua, que simboliza la fluidez y la limpieza, ayuda a disolver la negatividad, y un pequeño cuenco de agua, cuando es bendecido y colocado en el altar o cerca del practicante, sirve como un conducto para que las hadas laven la negatividad persistente. El Fuego, con su poder transformador, consume y transmuta la negatividad; la llama de una vela, imbuida de intención y vigilada por las hadas, se convierte en una fuente radiante de fuerza. Por último, el Aire, que representa la claridad y la libertad, se invoca para disipar ilusiones o miedos, creando un espacio que se siente ligero, libre y resistente.

Un método de protección potente que requiere concentración y reverencia es la Invocación de Guardianes de Hadas. Ciertas hadas, con su sintonía con las energías protectoras, ayudan de buen grado cuando son tratadas con respeto y gratitud. Para invocar a un guardián de hadas, el practicante puede elegir un espacio tranquilo en la naturaleza o un entorno ritualístico dedicado. Aquí, ofrecen un pequeño regalo, un cristal, una flor o unas gotas de aceite natural, para significar su petición de protección. Al concentrarse en su intención, claman a las hadas con sinceridad, invitando a su presencia como protectores de su espacio y espíritu. Estos guardianes de hadas, a menudo sentidos como una presencia o como un calor alrededor del practicante, prestan su energía al escudo protector, aumentando su eficacia. Cuando tales hadas acceden a ofrecer su tutela, a menudo señalan su presencia a través de pistas sutiles: un crujir de hojas, un cambio en el aire o una sensación de fuerza pacífica.

Los Sigilos de Hadas y Símbolos de Protección son otra herramienta poderosa en el arsenal espiritual del practicante. Los sigilos, símbolos creados a través de la intención e imbuidos de significado, actúan como conductores para la energía de las hadas, amplificando la fuerza de la protección. Para crear un sigilo de hadas, el practicante comienza con una intención, eligiendo cuidadosamente palabras o imágenes que encapsulen la protección deseada. Estos símbolos, dibujados en pergamino o grabados en una pequeña piedra, se colocan luego en el altar o se llevan con el practicante. En momentos de quietud, se concentran en el símbolo, invitando a las hadas a imbuirlo con su energía. A medida que el practicante mantiene este símbolo en mente, se convierte en un recordatorio tangible de su conexión con el reino de las hadas, un objeto vivo con energía protectora, sensible a sus necesidades e intenciones.

A veces, el practicante puede sentir la necesidad de una defensa intensificada en frente a la negatividad intensa. Para tales momentos, los Ritos de Limpieza con Orientación de Hadas brindan alivio y resiliencia. Usando hierbas sagradas como salvia, romero o lavanda, el practicante realiza un ritual de limpieza, esparciendo el humo alrededor de sí mismo o de su espacio. Con cada movimiento, invitan a las hadas a participar en la elevación y dispersión de cualquier negatividad persistente. Las hadas, atraídas por la pureza del aroma de las hierbas, añaden su presencia a la limpieza, una influencia silenciosa pero poderosa que aumenta la eficacia del ritual. A medida que el humo se dispersa, también lo hace cualquier energía estancada, dejando el espacio del practicante ligero y renovado.

Finalmente, la Práctica de la Conexión a Tierra Energética juega un papel crucial en el mantenimiento de la protección. La conexión a tierra, una práctica simple pero profunda, asegura que el practicante permanezca conectado a la tierra, reduciendo la vulnerabilidad a las influencias externas. Con los pies descalzos en el suelo, el practicante imagina raíces que se extienden desde su cuerpo hasta el núcleo de la Tierra, extrayendo estabilidad y fuerza desde abajo. Este proceso de conexión a tierra no solo estabiliza su energía, sino que también fortalece su conexión con las hadas, que resuenan profundamente con los ritmos naturales de la Tierra. Al conectarse a tierra regularmente, el practicante permanece equilibrado, menos susceptible a influencias agotadoras y más abierto a recibir el apoyo de las hadas.

A través de estas prácticas, el practicante construye un tapiz de protección, una estructura viva que evoluciona a medida que profundiza su vínculo con las hadas. Al aprender a tejer escudos de energía, invocar guardianes y conectarse con aliados elementales, no solo se protegen a sí mismos, sino que también honran los dones de las hadas. Cada acto de protección es una danza entre reinos, un testimonio de la confianza mutua que forma el corazón de esta conexión. Con estas herramientas, el practicante se presenta como un guardián de su propia energía y un administrador de las fuerzas profundas e invisibles del reino de las hadas.

A medida que la relación del practicante con las hadas se profundiza, la naturaleza de la protección también evoluciona, pasando de salvaguardas simples a un escudo complejo e intuitivo. Aquí, la protección se convierte en algo más que una barrera; se convierte en una forma de arte, un diálogo constante entre el practicante y los aliados de las hadas. Esta segunda parte profundiza en las complejidades de mantener y reforzar las prácticas de protección, mejorando la sensibilidad del practicante a los cambios espirituales y aumentando su conexión con los seres elementales.

Con una base protectora establecida, el practicante aprende a Reforzar los Escudos de Energía a Través de la Recarga Intencional. Así como una estructura física requiere mantenimiento, un escudo de energía prospera con la renovación. El practicante puede realizar esta renovación invocando conscientemente su intención de fortalecer el escudo, visualizando una nueva capa de luz o energía elemental infundiéndolo con nueva vitalidad. El practicante se sienta o se para en su espacio, con los ojos suavemente cerrados, y visualiza el límite protector a su alrededor. Al respirar profundamente, invocan a hadas elementales específicas: hadas de la tierra para añadir fuerza conectada a tierra, hadas del fuego para imbuir resiliencia transformadora, hadas del aire para la claridad mental y hadas del agua para traer adaptabilidad. Esta visualización revitaliza el escudo, permitiéndole permanecer fuerte, flexible y receptivo a cambios sutiles.

En momentos de necesidad intensificada, El Arte del Blindaje en Capas se vuelve invaluable. El blindaje en capas consiste en crear múltiples capas de protección, cada una imbuida de energías o intenciones distintas, y cada una refinando progresivamente el propósito del escudo. El practicante comienza creando un escudo inicial cerca del cuerpo, visualizado como una barrera de luz que representa calma y neutralidad. Luego, añaden otra capa imbuida de fuerza elemental, tal vez con la presencia terrenal de piedras o el calor de una llama suave. La capa final sirve como un filtro, conectado a las energías de las hadas, que puede transmutar o disolver cualquier fuerza no deseada. Esta técnica de protección en capas crea un escudo multidimensional que hace más que repeler energía; filtra, transmuta y refina las energías que entran en el espacio del practicante, manteniendo una conexión ininterrumpida con el reino de apoyo de las hadas.

Los Tótems de Hadas para el Refuerzo Protector también juegan un papel importante en la protección espiritual avanzada. Estos tótems pueden ser objetos naturales como piedras, hojas o pétalos de flores, artículos simples cargados con energía de hadas para continuar la influencia protectora. Para crear un tótem, el practicante coloca el artículo elegido en un altar preparado, rodeándolo de elementos que representan los cuatro elementos. En un momento de quietud, piden a las hadas que imbuyan este tótem con protección duradera, agradeciendo y expresando su intención. La energía del hada dentro del tótem se sella entonces, permitiéndole servir como un guardián portátil. Llevados en la persona, colocados en las puertas o mantenidos cerca de la cama, estos tótems actúan como protectores sutiles pero poderosos, continuamente cargados con energía de hadas.

Basándose en los tótems, el practicante puede explorar las Rejillas de Protección dentro de su espacio. Una rejilla de protección consiste en una disposición de piedras, cristales u objetos naturales bendecidos por hadas, dispuestos en patrones geométricos. El practicante elige la disposición, tal vez un círculo para la unidad, un triángulo para el enfoque o una espiral para el crecimiento, y coloca sus tótems cargados en puntos dentro de este patrón. Cada objeto es bendecido para trabajar al unísono, conectándose con el reino de las hadas para crear un campo ambiental de protección. Esta rejilla, dejada intacta dentro del espacio ritual o del hogar, establece una resonancia armónica, protegiendo de energías perturbadoras y permitiendo que entren fuerzas benéficas. Las hadas, reconociendo la intención de tal configuración, a menudo se unen para aumentar su integridad vibratoria, fortificando el espacio de maneras visibles e invisibles.

Otro aspecto vital de la protección avanzada es la Sensibilidad a los Cambios en las Energías y Respuestas Intencionales. Con el tiempo, el practicante aprende a reconocer cuándo la energía en su espacio comienza a sentirse "apagada" o disminuida. Estas señales pueden ser una sensación de pesadez, alteraciones en el equilibrio emocional o sentimientos de inquietud. Cuando aparecen tales señales, el practicante invoca a las hadas para obtener información, a menudo recibiendo orientación a través de pistas o sensaciones sutiles. Luego realizan una limpieza, liberando cualquier energía acumulada con gratitud e invitando a las hadas a ayudar en la renovación del espacio. Este acto de responder a los cambios a medida que surgen profundiza el vínculo intuitivo del practicante con las hadas, fomentando una relación basada en la conciencia y el cuidado mutuos.

Al profundizar aún más en la protección, el practicante se involucra en Rituales Continuos de Renovación. A medida que las estaciones cambian y la luna crece y mengua, también lo hace la dinámica de energía en la vida y el espacio de uno. Al observar estos ciclos, el practicante se alinea con el flujo y reflujo de la energía natural, usándola para amplificar las intenciones de protección. En la luna llena, por ejemplo, pueden invitar a las hadas del agua para aumentar la adaptabilidad de su escudo, o durante un solsticio, invocar a las hadas del fuego para fortalecer la resiliencia. Estos rituales de renovación permiten una protección que crece con el practicante, resonando con sus ciclos internos y los ritmos cambiantes de la propia naturaleza.

Finalmente, Confiar en el Vínculo con los Aliados de las Hadas se convierte en una fuente de fuerza inquebrantable. Esta confianza se construye gradualmente, a través de un entendimiento silencioso de que las hadas responden no solo a rituales y ofrendas, sino también a la sinceridad del corazón del practicante. Es a través de este vínculo que el practicante encuentra consuelo y coraje, reconociendo a las hadas como aliadas firmes que, aunque invisibles, protegen y nutren. En momentos de vulnerabilidad, se vuelven hacia adentro, sintiendo la presencia de las hadas en señales sutiles: una brisa, el brillo de la luz a través de las hojas, el calor de la tierra bajo los pies. Esta comunión silenciosa se convierte en la mayor forma de protección, un escudo intangible pero profundo que nada puede disminuir.

A través de la sabiduría y las herramientas de la protección espiritual avanzada, el practicante alcanza una nueva armonía en el equilibrio entre fuerza y sensibilidad. Con cada técnica, refinan sus habilidades intuitivas, creando protección no solo como una salvaguarda, sino como un acto de reverencia y conexión con las hadas. Y así, el viaje protector se transforma en algo sagrado, un testimonio vivo de la unidad entre el humano y el hada, la tierra y el espíritu, la sombra y la luz.

# Capítulo 21
# Autoconocimiento y Crecimiento

En la jornada en desarrollo con las hadas, el camino hacia el autoconocimiento marca una profunda transición. Aquí, el practicante es invitado a ir más allá de la comprensión del mundo a su alrededor y volverse hacia adentro, para explorar las capas intrincadas de su propio ser. Guiado por las hadas, este camino de autodescubrimiento revela un paisaje interno frecuentemente escondido u olvidado, un paisaje donde intuición, memorias, emociones y fuerzas interiores convergen. A cada paso dado en este reino, el practicante descubre verdades sobre sí mismo que se convierten en guías y espejos en su jornada espiritual. Las hadas, con su sabiduría ancestral y conexión innata con la naturaleza, se convierten en compañeras sutiles, pero perspicaces, en esta búsqueda. Ellas ayudan al practicante a sintonizarse con aspectos más sutiles de su conciencia, a examinar no solo las emociones en la superficie, sino las corrientes subyacentes que moldean sus pensamientos, sueños y miedos. A través de este proceso, el autoconocimiento emerge no como una idea abstracta, sino como una experiencia íntima, una conexión con el yo auténtico. Una de las prácticas fundamentales aquí es la Reflexión Consciente, una práctica mejorada por la orientación de las hadas. En momentos de introspección silenciosa, el practicante puede sentarse cerca de una ventana abierta o en un ambiente natural, permitiendo que las energías suaves de la naturaleza incentiven la reflexión. Con la energía de las hadas como una presencia calmante, el practicante comienza observando sus emociones y pensamientos recientes, reconociéndolos sin juicio. Esta práctica de atención plena, conducida con un sentido de curiosidad en lugar de crítica, ayuda a iluminar patrones y reacciones que pueden haber pasado desapercibidos anteriormente. En la presencia de la energía de las hadas, el practicante aprende a sentarse con sus propios pensamientos en aceptación, reconociendo cada uno como un mensaje o una capa del yo a la espera de comprensión.

A medida que este proceso se profundiza, el practicante puede involucrarse en el Diario con Insights de las Hadas. Aquí, anota reflexiones, emociones, sueños o cualquier pensamiento recurrente que surja durante su tiempo en la naturaleza o meditación. Las hadas, siendo criaturas intuitivas, a menudo se comunican de maneras sutiles - a través de sensaciones, imágenes o símbolos que emergen durante el registro en el diario. El practicante puede notar temas o símbolos recurrentes que poseen resonancia particular. Al registrar estos insights y retornar a ellos periódicamente, el practicante comienza a identificar áreas de crecimiento o cura. Este diario, imbuido de la sabiduría de las hadas, se convierte en un mapa personal, guiando al practicante de vuelta a su yo interior a cada entrada.

Otra práctica vital en la jornada del autoconocimiento es Abrazar las Emociones a Través de la Meditación Fortalecida por las Hadas. Cuando profundamente sintonizado con la energía de las hadas, el practicante puede acceder a un estado mejorado de meditación, donde no solo observa sus emociones, sino que también se siente apoyado en liberarlas o transformarlas. Este proceso involucra sentarse en un espacio sagrado, tal vez cerca de un altar o de un objeto natural escogido, e invocar a las hadas para guiarlo a través de su paisaje emocional. A medida que las emociones vienen a la superficie - sean alegría, tristeza, miedo o incertidumbre - el practicante se permite sentir cada una de ellas plenamente, confiando en la presencia de las hadas para proporcionar equilibrio y comprensión. En este estado, las emociones son reconocidas como profesoras, en lugar de obstáculos, y a través de ellas, el corazón del practicante se abre aún más para el reino de las hadas y para sí mismo.

Escuchar las Señales del Cuerpo también se convierte en una práctica de autodescubrimiento. A menudo, sensaciones físicas o tensiones cargan mensajes no dichos que, cuando abordados, llevan a una mayor autoconciencia. Las hadas, conocidas por su conexión con el flujo natural de energía, incentivan al practicante a notar las sensaciones sutiles dentro de su cuerpo. ¿Existe un peso alrededor del corazón, un apretón en el pecho o una tensión en los hombros? En momentos de conciencia, el practicante puede colocar la mano sobre estas áreas y pedir a las hadas que lo ayuden a entender lo que estas sensaciones representan. A través de esta práctica, las señales del cuerpo se convierten no solo en indicadores de salud física, sino también en reflejos del yo interior, ayudando al practicante a armonizar cuerpo, mente y espíritu. Un aspecto esencial del autoconocimiento es Explorar Intenciones y Deseos Personales con la Orientación de las Hadas. Intenciones son las corrientes silenciosas que moldean las acciones, creencias y relaciones del practicante. Con el apoyo de las hadas, el practicante puede sumergirse en sus motivaciones más profundas, examinando lo que realmente lo impulsa en la vida. Este proceso puede involucrar reservar un tiempo a cada día o semana para reflexionar sobre una pregunta como: "¿Qué deseo realmente?" o "¿Qué intención guía mi camino?" Al enmarcar estas preguntas en el contexto de la sabiduría de las hadas, las respuestas generalmente revelan verdades ocultas o anhelos más profundos. A través de esta exploración, el practicante aprende a alinear sus elecciones de vida con su yo auténtico, un yo traído a la luz por la orientación de las hadas.

A través de las hadas, el practicante también puede acceder al Trabajo con el Niño Interior, una práctica gentil, pero transformadora, de reconectarse con los aspectos infantiles dentro de sí. Las hadas, con su energía lúdica y acogedora, son aliadas naturales para ayudar al practicante a revisitar memorias de alegría, admiración e inocencia que pueden haber sido opacadas por las cargas de la edad adulta. En momentos tranquilos, el practicante puede invitar a las hadas a guiarlo hasta memorias o experiencias donde se sintió conectado a su yo más verdadero. A medida que estas memorias vienen a la superficie, el practicante puede revivirlas, sintiendo las emociones, olores, sonidos y sensaciones como si estuvieran ocurriendo nuevamente. A través de esta práctica, él despierta la alegría y la curiosidad del niño interior, integrando estas cualidades a su vida presente, cultivando un sentido de sí más pleno y vibrante. Reconocer las Sombras con el Apoyo de las Hadas se convierte en otra parte crucial del autodescubrimiento. Las hadas, aunque frecuentemente gentiles y alegres, también poseen una comprensión natural de las dualidades de la vida. Ellas ayudan al practicante a enfrentar y abrazar sus propias sombras - aquellos aspectos del yo que son ocultos o negados. Con la presencia de ellas, el practicante aprende a abordar estos aspectos no con miedo, sino con apertura, entendiendo que la sombra contiene sabiduría valiosa. Al trabajar con las hadas para confrontar e integrar estas partes de sí mismo, el practicante transforma resistencia en aceptación y evasión en cura.

En la búsqueda por el autoconocimiento, Expresar Gratitud a las Hadas por el Crecimiento Personal se convierte en un ancla, fundamentando cada descubrimiento en la apreciación. A través de rituales de gratitud, el practicante agradece a las hadas por su orientación, sea a través de una simple ofrenda de flores, algunas palabras susurradas o encendiendo una vela. Esta gratitud fortalece la conexión, reafirmando que la jornada de autodescubrimiento es compartida entre los reinos. Al reconocer el papel de las hadas, el practicante entiende que su crecimiento es apoyado, que él no está solo en este camino hacia la autoconciencia. En cada aspecto del autoconocimiento explorado con las hadas, el practicante se aproxima a una verdad interior que es simultáneamente personal y universal. Con la presencia de las hadas, el autoconocimiento se convierte en una jornada no solo para las propias profundidades, sino para un reino de sabiduría colectiva compartida entre humanos y hadas, tierra y espíritu. Cada descubrimiento, cada insight, trae al practicante para una mayor armonía consigo mismo y con los misterios del mundo que habita. La jornada del autoconocimiento, enriquecida por la gentil sabiduría de las hadas, abre puertas que conducen no solo hacia adentro, sino más allá, para una conexión con toda la vida. Habiendo iniciado el camino del autoconocimiento con la orientación de las hadas, el practicante ahora se profundiza, desenterrando capas de comprensión interior y crecimiento personal. En esta fase, la conexión con las hadas madura y ellas revelan dimensiones más sutiles de autoconciencia. Esto no es meramente una expansión de lo que fue descubierto, sino una jornada para integrar el autoconocimiento a la vida cotidiana, permitiendo que el crecimiento personal se convierta en un proceso vivo y respirante, entrelazado en cada acción, pensamiento e interacción.

La Auto-evaluación con Reflexión de las Hadas es fundamental para esta jornada de profundización. Las hadas, con su gentil sabiduría, auxilian al practicante en la evaluación regular de su propio crecimiento, reflexionando sobre cambios en el comportamiento, respuestas e intenciones. Esta práctica de auto-evaluación puede ocurrir al final de cada día o semana, donde el practicante se pregunta: "¿Qué insights he obtenido?" o "¿Cómo he actuado en alineación con mi yo verdadero?" A través de la orientación de las hadas, estas reflexiones revelan el delicado progreso que el practicante hace, incluso en pequeños momentos. Las hadas, siendo sensibles a la intención, incentivan la honestidad y la auto-compasión, recordando al practicante de que la autoconciencia crece lentamente, como raíces profundizándose en la tierra. A medida que el practicante continúa, él encuentra momentos en que emociones, hábitos o respuestas permanecen oscuros o enmarañados. Abrazar la Auto-compasión a través de Afirmaciones de las Hadas se convierte en una práctica fundamental. Las hadas, que naturalmente irradian aceptación y comprensión, guían al practicante a hablar consigo mismo con gentileza, especialmente en momentos de auto-duda o conflicto interno. El practicante puede crear afirmaciones inspiradas en la energía de las hadas, frases como "Estoy creciendo con paciencia" o "Confío en mi jornada", susurradas durante la meditación o escritas en un diario. Al afirmarse regularmente de esta manera, el practicante comienza a ver su auto-crecimiento como un proceso de nutrición, honrando cada paso como parte de una jornada mayor.

En momentos de dificultad o sombra, las hadas presentan La Práctica del Espejo con Presencia de las Hadas. Este ejercicio invita al practicante a sentarse en silencio con un espejo, mirando suavemente a su propio reflejo, mientras sostiene una imagen o símbolo de la energía de las hadas cerca, como un cristal, pluma o pequeña flor. En el reflejo del espejo, el practicante ve no solo su rostro, sino sus emociones y pensamientos como si reflejados de vuelta con la sabiduría de las hadas. Las hadas ofrecen su gentil orientación aquí, animando al practicante a observar sus propios ojos, notar expresiones de emoción y aceptar estos aspectos de sí mismo sin juicio. A través de esto, el practicante experimenta auto-aceptación, testimoniando sus puntos fuertes y vulnerabilidades bajo una luz compasiva. Para profundizar su jornada, el practicante puede involucrarse en la Visualización del Camino de la Vida Guiado por las Hadas. En esta visualización, el practicante imagina caminar por un camino en el bosque, guiado por hadas que aparecen en varias formas - tal vez como luces suaves u hojas susurrantes. Mientras el practicante camina, él visualiza momentos significativos de su pasado que emergen a lo largo del camino, momentos de alegría, desafío, aprendizaje y transformación. Las hadas, con su sabiduría natural, ayudan al practicante a reconocer e integrar estas memorias, entendiendo que cada momento contribuye a su yo presente. Esta visualización se convierte en una forma de honrar la jornada de la vida y reconocer que el crecimiento, apoyado por las hadas, es continuo y en evolución.

Las hadas también presentan la Expresión Creativa como un Portal para la Sabiduría Interior, una práctica de involucrarse con la creatividad para desbloquear insights ocultos. El practicante puede sentirse atraído a pintar, escribir poesía, bailar o crear música inspirado en su jornada con las hadas. Este acto de creación se convierte en un puente para el subconsciente, donde las verdades interiores generalmente residen. A medida que las hadas inspiran colores, formas o palabras, el practicante descubre que la creatividad se convierte en una herramienta intuitiva, revelando emociones e insights que las palabras solas no consiguen capturar. A través de esta expresión creativa, él accede a una forma de autoconocimiento que es sentida en lugar de analizada, resonando profundamente en el corazón. La práctica de Cultivar el Silencio y la Escucha Interior también se vuelve esencial en esta fase. Las hadas, que habitan lugares quietos y escondidos, recuerdan al practicante del poder encontrado en momentos de quietud. En un simple acto de sentar en silencio - tal vez debajo de un árbol o cerca de una ventana abierta para la noche - el practicante escucha no por voces, sino por los movimientos sutiles dentro de su propia mente y espíritu. Estos momentos de silencio permiten que realizaciones más profundas vengan a la superficie sin fuerza, guiando gentilmente al practicante en dirección a verdades personales que surgen naturalmente, así como una hoja flota hasta el suelo del bosque. En estos momentos tranquilos, la presencia de las hadas es sentida como una energía cálida y acogedora que permite al practicante explorar sus propias profundidades con paciencia.

A medida que el autoconocimiento se profundiza, las hadas incentivan un Ritual de Compromiso Personal con el Crecimiento. Este ritual no necesita ser elaborado; puede involucrar encender una única vela o sostener un pequeño símbolo que represente el crecimiento personal, como una piedra o pluma. En este ritual, el practicante declara en silencio o en voz alta su compromiso de continuar su jornada de autoconocimiento, reconociendo la orientación de las hadas y su propia fuerza interior. Al hacer esta promesa, el practicante reafirma su intención de vivir auténticamente, crecer continuamente y abrazar cada aspecto de sí mismo con coraje. Este compromiso se convierte en un ancla energética, un punto de retorno siempre que surgen desafíos en el camino. En esta fase, la Interacción Consciente con los Otros como un Espejo del Crecimiento Interior es introducida. Las hadas, que entienden la interconexión de todos los seres, guían al practicante a ver las interacciones con los otros como reflejos de su propio crecimiento. Cada interacción - sea pacífica o desafiante - se convierte en una oportunidad para auto-reflexión, una chance de observar las propias reacciones, palabras y emociones en tiempo real. Las hadas recuerdan al practicante de que las relaciones espejan el crecimiento interior, mostrando no solo cómo él percibe a los otros, sino también cómo él se percibe. A través de esto, el practicante aprende paciencia, compasión y comprensión, reconociendo que cada conexión hace parte de la teia intrincada de su camino espiritual.

Con este autoconocimiento profundizado, el practicante se encuentra más alineado con su verdadera naturaleza y mejor equipado para navegar por la vida con claridad y propósito. Las hadas, silenciosas, pero presentes, se convierten en compañeras duraderas, su sabiduría gentilmente entrelazada en el tejido de cada momento. Al mirar hacia adelante, el practicante sabe que el autoconocimiento no es un fin, sino un fundamento - un terreno sobre el cual los próximos pasos de su camino espiritual serán construidos, siempre creciendo, siempre evolucionando.

# Capítulo 22
## Prácticas de Manifestación

En el corazón de la creación reside una poderosa verdad: cada pensamiento, cada sentimiento y cada intención da forma a la realidad. Al adentrarnos en el reino de la manifestación, nos involucramos en una danza ancestral con las energías que conforman nuestro mundo. Las prácticas de manifestación nos invitan a dirigir conscientemente esta energía, recurriendo al reino de las hadas como guías y colaboradoras. Las hadas, sintonizadas con el flujo natural de la vida, enseñan gentilmente al practicante a definir intenciones y aprovechar su voluntad interior para materializar sus deseos. Esto no es mera ilusión; es una alineación profunda y deliberada con la fuerza creativa del universo.

En el centro de la manifestación está la Claridad de la Intención. Las hadas, que se mueven con precisión y propósito a través de los elementos, animan al practicante a refinar sus deseos con un enfoque cristalino. Antes de iniciar cualquier práctica, se guía al practicante a sentarse en silencio y meditar sobre la esencia de su deseo. ¿Cuál es el núcleo de este deseo? ¿Surge de un lugar de verdadera necesidad o de un anhelo fugaz? Al comprender las raíces de sus intenciones, se alinean con valores más profundos, y las hadas ayudan a anclar estas intenciones, dándoles una base sutil pero poderosa que se siente profundamente alineada con el flujo de la naturaleza.

El siguiente paso es Crear una Afirmación de Intención. Aquí, el practicante destila su deseo en una única frase potente, dicha como si el resultado ya fuera una realidad. Una intención de prosperidad, por ejemplo, puede convertirse en: "Estoy rodeado de abundancia y prosperidad, fluyendo sin esfuerzo hacia mi vida". Las hadas, cuya energía es directa y libre de dudas, animan al practicante a decir esta afirmación en voz alta con convicción. Al hacerlo, las palabras se convierten en algo más que mero lenguaje; se transforman en una semilla de energía, lista para crecer en el campo fértil de la posibilidad.

Para reforzar esta intención, se introduce al practicante el Uso de Símbolos y Elementos de las Hadas. Las hadas se han asociado durante mucho tiempo con plantas, piedras y símbolos específicos que resuenan con varios aspectos de la vida. En el proceso de manifestación, el practicante puede seleccionar un cristal, una hoja o una flor que corresponda a su deseo: citrino para la prosperidad, lavanda para la calma o pétalos de rosa para el amor. Este elemento elegido se convierte en un ancla tangible para la intención, llevando la vibración tanto del resultado deseado como de la energía del hada que lo potencia. Al mantener este elemento cerca, el practicante nutre una conexión constante y sutil con su deseo, como si estuviera susurrándole a través de las energías de la naturaleza.

La Visualización, una poderosa técnica de manifestación, viene a continuación. Guiado por la Imaginación de las Hadas, se anima al practicante a cerrar los ojos y visualizar su intención como si se estuviera desarrollando en el momento presente. Las hadas, seres de rica imaginación y creatividad, guían al practicante a ver cada detalle vívidamente, a sentir las emociones ligadas al resultado deseado y a vivir realmente en esta visión. Si la intención es la paz, el practicante puede imaginarse rodeado de un bosque sereno, sintiendo la calma y la quietud de la energía de las hadas a su alrededor. Esta visualización crea una experiencia sensorial tan vívida que el deseo se siente real e inmediato, permitiéndole atraer magnéticamente las energías correspondientes hacia el practicante.

Otra práctica esencial es Anclar la Intención con la Energía Elemental. En la naturaleza, las hadas canalizan su energía a través de los cuatro elementos: tierra, agua, fuego y aire. Aquí, enseñan al practicante cómo integrar estas fuerzas elementales para apoyar la manifestación. Para la conexión a tierra y la estabilidad, el practicante puede conectarse a la energía de la tierra, tal vez colocando las manos en el suelo o sosteniendo una piedra. Para la adaptabilidad y la fluidez, pueden trabajar con el agua meditando cerca de un arroyo o incluyendo un pequeño cuenco de agua en su ritual. El fuego, encendido a través de una vela, alimenta la pasión y la transformación, mientras que el aire, simbolizado por el incienso o una brisa suave, lleva la intención hacia afuera. Esta conexión a tierra elemental enraíza la intención en el mundo natural, alineándola con los ritmos de la vida.

Las hadas también enseñan la Práctica de la Liberación y la Confianza, una parte a menudo pasada por alto pero crucial de la manifestación. Después de establecer su intención y anclarla, el practicante debe liberar su deseo al universo con confianza, permitiendo que se manifieste a su propio tiempo. Las hadas, que se mueven sin esfuerzo dentro de los ciclos de la naturaleza, recuerdan al practicante que el crecimiento también tiene sus estaciones. Así como una flor florece cuando está lista, su deseo también se hará realidad cuando las condiciones sean adecuadas. A través de esta liberación, el practicante se libera del apego, confiando en el flujo y el tiempo naturales, confiado en que las hadas continúan apoyando el viaje.

En momentos de incertidumbre, las hadas presentan Señales y Símbolos de Afirmación. A medida que el practicante se mueve por la vida diaria, permanece abierto a los mensajes sutiles de las hadas y de la propia naturaleza. Una mariposa que se posa cerca, una brisa repentina o un encuentro inesperado con un símbolo significativo: todos se convierten en afirmaciones de que la intención se está moviendo hacia la realización. Estas señales, a menudo sutiles pero inconfundibles, actúan como recordatorios de que las hadas están guiando y apoyando el proceso.

A medida que el viaje de la manifestación se profundiza, también lo hace la conexión entre el practicante y las delicadas energías del reino de las hadas. En esta etapa, las hadas guían al practicante hacia técnicas más refinadas, fomentando prácticas que fortalecen la intención y amplifican la energía a su alrededor. Aquí, encontramos el arte de la Alineación Energética y la Integración Diaria, cultivando una vida que resuena armoniosamente con la manifestación deseada.

El primer paso es Armonizar las Intenciones con las Acciones Diarias. Las hadas, que personifican la armonía con la naturaleza, revelan la importancia de la coherencia entre la intención y la acción. La manifestación, enseñan, no se limita a momentos de ritual o intención enfocada, sino que florece en el ritmo de la vida cotidiana. Por ejemplo, si el practicante busca la paz, se le anima a adoptar prácticas que incorporen la calma: conversaciones amables, momentos de reflexión e interacciones que promuevan la tranquilidad. Al vivir en alineación con sus intenciones, se convierten en un canal para las energías que desean manifestar, permitiéndoles tomar forma naturalmente.

Para mejorar esta alineación diaria, las hadas presentan la Práctica de las Reflexiones Conscientes de la Mañana y la Noche. Cada mañana, el practicante comienza estableciendo una intención consciente para el día, sintonizando sus pensamientos y acciones para que resuenen con sus objetivos de manifestación. Esta reflexión no tiene por qué ser larga o compleja; un breve momento de intención enfocada mientras se bebe té o se observa la naturaleza suele ser suficiente. Las reflexiones nocturnas sirven como cierres amables para el día, permitiendo al practicante revisitar sus intenciones, reconocer cualquier señal dada por las hadas y reconocer el progreso. Estos momentos sencillos pero profundos mantienen una conexión continua con el reino de las hadas, permitiendo que la energía de la manifestación fluya consistentemente.

La práctica del Diario de Gratitud y Afirmación lleva esta conexión más allá, guiada por las hadas como un medio para arraigar los deseos del practicante en una base de gratitud. En un pequeño diario dedicado, el practicante registra afirmaciones y expresa gratitud no solo por lo que ya se ha manifestado, sino también por lo que está por venir. Esta gratitud, enseñan las hadas, actúa como un imán, alineando al practicante con la abundancia. No es meramente una reflexión, sino una herramienta poderosa que transforma las expectativas en realidad. El diario se convierte en un espacio sagrado, un lugar donde las energías de las hadas se mezclan con las del practicante, manteniendo las intenciones cerca del corazón y la mente.

A continuación, está el Arte del Canto de las Hadas y la Resonancia Sonora. La energía de las hadas es inherentemente rítmica, fluyendo en tonos y melodías que resuenan por todo el mundo natural. El sonido, muestran, es un portador de la intención, y los cantos sencillos y sinceros ayudan a amplificar y dirigir la energía de la manifestación. Un canto puede ser una sola palabra o frase, como "la abundancia fluye" o "la paz está aquí". Dicho con ritmo y repetición, el canto vibra a través del practicante, conectando la intención y la energía. Las hadas pueden sugerir cantar estas frases mientras se está en la naturaleza, armonizando con el suave susurro de las hojas o el murmullo del agua. A través de esta resonancia, el practicante se conecta a las frecuencias naturales, sintonizándose con las energías que apoyan sus intenciones con la armonía guiada por las hadas.

Con estas prácticas, las hadas presentan una Técnica de Visualización avanzada para la Amplificación de la Manifestación. Mientras que las visualizaciones anteriores pueden haberse centrado en una imagen simple y enfocada, esta técnica invita al practicante a construir un escenario completo en torno a su deseo, involucrando todos los sentidos. Si su intención es la prosperidad, se les anima a imaginar no solo la visión de la abundancia, sino los sonidos, las texturas e incluso los aromas asociados a ella. Las hadas, cuya presencia puede ser sutil y vibrante, ayudan guiando estas visualizaciones, ayudando al practicante a experimentar la riqueza de su deseo como si ya existiera. Cada detalle fortalece la resonancia vibratoria de la intención, tejiéndola en el tejido de la realidad.

Igualmente esencial es la Práctica de la Acción Inspirada, donde las hadas animan suavemente al practicante a dar pasos hacia sus deseos. La manifestación no es solo un viaje interior, sino uno que requiere acción, inspirada en la conexión entre la intención y la vida. Las hadas a menudo trabajan a través de suaves toques y señales fortuitas, llevando al practicante a tomar acciones alineadas con sus objetivos. Por ejemplo, si el practicante busca conexión o comunidad, las hadas pueden inspirarlo a asistir a reuniones o a entablar conversaciones que abran puertas a nuevas relaciones. Al actuar según estos impulsos, el practicante demuestra su compromiso con su manifestación, anclando sus deseos en el mundo de la forma.

A medida que las manifestaciones comienzan a desplegarse, las hadas enseñan la Práctica de la Liberación de Energía: el arte sutil de desapegarse con confianza. Esta etapa de liberación es similar a una flor que florece a su propio tiempo, libre de impaciencia. Las hadas, al estar sintonizadas con los ciclos de la naturaleza, recuerdan al practicante que la manifestación se desarrolla con su propia sabiduría. Al liberar el control sobre cómo y cuándo se manifestará un deseo, el practicante permite que el universo y las hadas trabajen en armonía. Esta liberación no disminuye el enfoque, sino que permite una anticipación pacífica y alegre. Así como las hadas confían en el ciclo de las estaciones, el practicante también confía en los ciclos de sus deseos, abriendo espacio para bendiciones inesperadas.

Finalmente, las hadas enseñan el Ritual de la Celebración Sagrada, una forma de honrar las manifestaciones que cobran vida. La celebración, en el mundo de las hadas, es un acto sagrado, que fortalece los lazos y renueva la energía. Se anima al practicante a hacer una pausa y honrar cada etapa del viaje, ya sea a través de una pequeña ceremonia o un momento de gratitud. Esta celebración, por simple que sea, alimenta el ciclo de la manifestación, creando un flujo continuo de alegría, gratitud y conexión con las hadas. De esta manera, las hadas se convierten no solo en guías, sino en socias en la vida del practicante, compartiendo su alegría y profundizando su propósito compartido en el misterio de la creación.

# Capítulo 23
# Curación Emocional Profunda

Bajo la superficie de la conciencia diaria, se encuentra un reino donde memorias, emociones y energías se entrelazan en el tejido de nuestro ser. Es en este reservorio silencioso donde emociones no procesadas, memorias y traumas a menudo residen, proyectando sombras sobre el espíritu y afectando el bienestar. Aquí, las hadas se convierten en aliadas tiernas, invitándonos a liberar, sanar y, finalmente, transformar estas energías. Guiados por su presencia, nos embarcamos en un ritual de curación emocional profunda, abriendo una puerta sagrada para la liberación y renovación profundas.

La jornada comienza con la Creación de un Espacio Sagrado de Curación. Las hadas revelan que un ambiente preparado con una intención gentil promueve las energías correctas para la liberación emocional. Selecciona un lugar tranquilo, tal vez adornado con flores, piedras o incluso un pequeño cuenco de agua limpia para representar la claridad. Deja que la luz natural o el brillo suave de una vela ilumine el espacio, señalizando apertura para las hadas. Cada elemento escogido tiene un propósito, creando un límite que nutre la intención del practicante de confrontar y liberar el peso emocional con un corazón compasivo.

A medida que el espacio toma forma, la práctica de la Conciencia de la Respiración y el Enraizamiento atrae suavemente al practicante hacia el momento presente. Las hadas, sintonizadas con el ritmo de la respiración, nos invitan a seguir su flujo natural. Respiraciones lentas y conscientes calman la mente y el cuerpo, conectando el mundo consciente con las profundidades internas. Visualiza raíces extendiéndose desde la base de la columna o de los pies hacia la tierra, como si estuvieran enraizándose en la sabiduría ancestral de la propia naturaleza. Este enraizamiento crea una base estable, garantizando que, incluso en momentos de intensidad emocional, el practicante permanezca conectado a la energía constante y nutritiva de la tierra y de las hadas.

Con este enraizamiento establecido, las hadas guían al practicante hacia el Descubrimiento Emocional a través de la Reflexión. En este espacio delicado, ellas alientan una reflexión gentil sobre sentimientos o experiencias que cargan peso emocional. Las hadas son sensibles a la vulnerabilidad que esta exploración trae, ofreciendo su energía calmante para proporcionar una sensación de seguridad. A medida que las memorias emergen, pueden venir con una ola inicial de emoción - tristeza, rabia o incluso alivio. Las hadas nos recuerdan que cada una de estas emociones es válida, cada una parte del tapiz de la curación, y ellas nos animan a presenciarlas sin juicio.

A continuación, el ritual se profundiza con la Visualización de la Liberación Energética. Aquí, el practicante visualiza estas emociones pesadas como una niebla o color tangible a su alrededor, representando las cargas que están preparadas para liberar. Las hadas, frecuentemente asociadas a los elementos naturales, inspiran una visualización transformadora. Imagina estas emociones flotando hacia la tierra, agua o cielo - absorbidas y gentilmente dispersas por la naturaleza, transmutadas de vuelta en energía neutra. En esta liberación, las hadas actúan como intermediarias, garantizando que lo que es liberado sea llevado de forma segura y compasiva, abriendo espacio para la curación de la luz.

Una parte esencial de este proceso es la Aceptación y Autocompasión, facilitada por la presencia suave y nutritiva de las hadas. A través de su energía gentil, el practicante es recordado de ofrecerse a sí mismo bondad, reconociendo el coraje necesario para enfrentar sus sombras internas. Las hadas, siempre empáticas, revelan que la autocompasión no es solo un bálsamo para las heridas del pasado, sino también un ingrediente vital para la transformación emocional duradera. En la presencia de las hadas, el practicante aprende a extender una mirada acogedora y aceptando hacia su propia jornada, no importa cuán compleja o difícil ella pueda haber sido.

A medida que las emociones son liberadas, las hadas introducen la práctica de la Receptividad a la Luz Curativa. Con el espacio emocional limpio, una nueva energía llena de luz puede entrar. Aquí, las hadas guían una visualización de la luz curativa - un brillo suave y caliente que llena el corazón y la mente. Esta luz puede ser imaginada como dorada, plateada o cualquier color que parezca reconfortante, bañando el cuerpo como un bálsamo suave. El practicante es invitado a dejar que esta luz fluya hacia los espacios antes ocupados por el dolor o la tristeza, una suave reposición ofrecida por las hadas para nutrir el espíritu renovado.

El ritual termina con la Gratitud por las Hadas y por Sí Mismo. Así como las hadas dieron su energía y apoyo, el practicante reserva un momento para agradecerles por su presencia y orientación. Esta gratitud se extiende a sí mismo también, reconociendo el coraje de enfrentar y sanar capas emocionales profundas. Este ritual de curación emocional profunda, guiado por las hadas, abre no solo el corazón, sino también un camino para una resonancia emocional más ligera y libre. Al salir del espacio ritualístico, el practicante puede llevar consigo una conciencia renovada de paz interior, anclada en sí mismo y en la energía de las hadas que lo han abrazado.

Los hilos de la emoción tejen una red sutil alrededor del corazón, a menudo cargando ecos de experiencias pasadas que persisten en el presente. Las hadas, que comprenden las delicadas energías de lo invisible, nos guían hacia una profundización del ritual de curación emocional. En su sabiduría, ellas revelan que la verdadera liberación y paz vienen cuando nos aventuramos valientemente en las profundidades, acogiendo las emociones como guías para el autoconocimiento y la transformación interior.

Con la base de la liberación emocional establecida, las hadas introducen la práctica de la Respiración Purificadora. Esta respiración suave y rítmica invita a la energía curativa a cada inspiración y libera la tensión a cada expiración. Mientras el practicante respira, es alentado a visualizar cada respiración como una infusión de energía pura y vibrante. Lentamente, a cada ciclo, esta respiración disuelve los residuos persistentes de tristeza, rabia o arrepentimiento, invitando a una nueva claridad y paz. Las hadas, revoloteando en las proximidades, amplifican esta respiración con su presencia, añadiendo un ritmo calmante que incentiva la rendición completa.

En la quietud que sigue, las hadas guían al practicante hacia la Práctica de la Liberación Emocional a través de la Visualización. Aquí, imágenes o colores emergen, representando emociones hace mucho guardadas. Las hadas revelan que estas visualizaciones ofrecen un camino para la curación más profunda, dando forma a sentimientos que las palabras pueden no capturar totalmente. Tal vez el practicante vea un rojo vibrante para la rabia, un azul oscuro para la tristeza o una masa enmarañada simbolizando la confusión. Las hadas gentilmente instruyen al practicante a liberar estos colores, permitiendo que cada emoción se disperse en la inmensidad de la tierra, del cielo o del agua corriente en las proximidades. A través de este acto, cada emoción es honrada y liberada, retornando al flujo universal, transformada por la propia naturaleza.

Con esta liberación, las hadas guían al practicante a abrir su corazón para Recibir Luz y Amor. En este espacio tierno, las propias hadas, personificaciones de la compasión y del equilibrio, ofrecen su propia energía como una luz radiante. Ellas invitan al practicante a imaginar esta luz a su alrededor y llenándolo, tocando cada espacio que antes era ocupado por emociones más pesadas. El practicante puede visualizar esta luz como dorada o lavanda, pulsando con calor y compasión. Cada respiración trae esta luz para más adentro, llenando el corazón, la mente y el espíritu con una garantía pacífica y un empoderamiento gentil. Es un acto de reivindicar el propio santuario interior, curado y purificado.

A continuación, las hadas conducen a un ejercicio sutil, pero profundo: Escuchar los Mensajes Internos. Las emociones, una vez reconocidas y liberadas, a menudo revelan percepciones más profundas, fragmentos de sabiduría que emergen cuando el ruido de sentimientos no resueltos se ha disipado. En el silencio creado por el ritual de curación, el practicante puede sentir un leve susurro interior - una nueva claridad, una comprensión de sus propias necesidades o una afirmación reconfortante. Las hadas animan esta escucha introspectiva, pues saben que dentro de la quietud reside la orientación del alma, una verdad que surge solo en momentos de paz.

A medida que estos mensajes emergen, las hadas introducen Afirmaciones de Renovación y Fuerza. El practicante, ahora sintonizado con el flujo de la curación, profiere afirmaciones que reflejan su jornada y la fuerza recién descubierta. Declaraciones como "Yo libero lo que no me sirve más", "Estoy abierto a la paz y a la luz" o "Yo abrazo mi fuerza interior" resuenan profundamente, apoyadas por la energía de las hadas que los rodean. Cada afirmación ancla la curación, transformándola de una experiencia transitoria en un cambio duradero dentro de sí. Las hadas, perspicaces y sabias, ofrecen su aprobación silenciosa, fortaleciendo cada palabra con su energía sutil.

Para cerrar el ritual, las hadas sugieren un Ritual de Gratitud y Ofrenda. La gratitud, ellas revelan, es una fuerza poderosa que enriquece la energía intercambiada durante el ritual, creando un equilibrio armonioso. El practicante puede colocar un pequeño símbolo - una flor, cristal o símbolo - en el centro de su espacio como una ofrenda a las hadas. Este símbolo representa la apreciación por la presencia y orientación de las hadas, simbolizando el respeto mutuo entre el practicante y el reino de las hadas. Con esta ofrenda, el practicante reconoce el apoyo de las hadas, firmando la curación en el lazo sagrado que fue nutrido.

A medida que el ritual llega a su fin, el practicante carga consigo un espíritu más ligero y un corazón abierto a la renovación. Las hadas, siempre cerca, pero siempre gentiles, retiran su presencia orientadora, dejando una impresión de paz y un susurro de su apoyo continuo. A través de esta curación emocional profunda, el practicante avanza en la vida con claridad, resiliencia y una profunda conexión con su propia esencia y la tierna sabiduría de las hadas.

# Capítulo 24
# Trabajando con Elementales

En las profundidades misteriosas de la naturaleza, existen energías más allá del reino de las hadas, fuerzas que hacen eco de ritmos antiguos y poder primigenio. Estos seres, conocidos como elementales, a menudo se confunden con las hadas, pero portan energías y propósitos únicos dentro del mundo natural. Cada espíritu elemental refleja uno de los elementos fundamentales: tierra, agua, fuego y aire, manifestando sus cualidades con una fuerza bruta, casi indomable, que revela la esencia del propio elemento.

El viaje comienza con los Elementales de la Tierra, seres de fuerza arraigada y conocimiento ancestral. Conocidos por muchos nombres (gnomos, espíritus de las piedras y guardianes del bosque), los elementales de la tierra encarnan la resiliencia y la estabilidad. Residen en rocas, suelo, árboles y montañas, nutriendo silenciosamente las raíces de toda vida. Al conectarnos con los elementales de la tierra, somos llamados a abrazar las cualidades de paciencia, resistencia y fuerza. El practicante puede iniciar esta conexión pasando tiempo en paisajes naturales, centrándose en prácticas de enraizamiento y ofreciendo pequeñas ofrendas, como cristales o piedras, como gestos de respeto y alineación con estas energías terrestres. En su presencia silenciosa y constante, los elementales de la tierra transmiten estabilidad y claridad, apoyándonos en momentos en que necesitamos mantenernos firmes.

Luego, vienen los Elementales del Agua, seres fluidos que hacen eco del flujo y la profundidad de los ríos, lagos, océanos e incluso de la lluvia. Comúnmente percibidos como espíritus del agua, ondinas o ninfas, estos espíritus habitan el corazón de cada ola y ondulación, incorporando emociones, intuición y transformación. Los elementales del agua detentan el poder del cambio y la limpieza, alentando al practicante a liberarse de las cargas emocionales y a confiar en el flujo y reflujo natural de la vida. Para conectarse con estos seres, se puede visitar una masa de agua cercana o crear un simple cuenco de agua como una conexión simbólica, observando su superficie en busca de movimientos sutiles o reflejos que reflejen la energía de las ondinas. A través de esta conexión, los elementales del agua nos guían hacia las profundidades de nuestras propias emociones, ayudándonos a abrazar la vulnerabilidad y la fluidez con gracia.

Los Elementales del Fuego siguen, seres que portan la esencia de la pasión, la transformación y la energía bruta. Conocidos como salamandras o espíritus de la llama, no se limitan al fuego físico, sino que residen en la vitalidad y el calor de todas las cosas, desde el sol hasta la chispa más pequeña. Los elementales del fuego son feroces y potentes, guiando a los practicantes hacia el coraje y la transformación personal. Para sintonizar con su energía, se puede comenzar con una simple llama de vela, centrándose en su calor y movimiento parpadeante. Las salamandras responden a actos de valentía e intención, ofreciendo perspectivas en momentos en que se busca encender el propósito o el coraje. Con su guía, el practicante aprende a navegar y canalizar la fuerza interior, transformando obstáculos con la misma intensidad con la que el fuego transforma la madera en ceniza.

Finalmente, existen los Elementales del Aire, seres que son tan esquivos como el viento y tan presentes como cada respiración. A menudo apareciendo como sílfides o espíritus del viento, estos elementales traen cualidades de libertad, intelecto e inspiración. Residen en cielos abiertos, entre nubes y en cada ráfaga de viento, incorporando tanto la quietud como el movimiento del pensamiento. Al buscar trabajar con los elementales del aire, se puede observar los patrones de las nubes, sentir el toque del viento en la piel o simplemente concentrarse en respirar profundamente, invitando a su luz y claridad. Las sílfides responden a nuestro deseo de apertura y conocimiento, guiándonos en momentos de claridad mental y pensamiento creativo. Su presencia es como una brisa suave que disipa la niebla mental, alentando al practicante a ver con claridad y una perspectiva ampliada.

A medida que se encuentran estos seres elementales, los practicantes descubren que cada uno encarna no solo las cualidades de su elemento, sino también los misterios más profundos de la existencia. Los elementales de la tierra enseñan la sabiduría de las raíces y la persistencia, los elementales del agua revelan la curación en la rendición, los elementales del fuego despiertan la transformación y los elementales del aire inspiran libertad y comprensión. Trabajar con estos espíritus requiere respeto y atención, ya que los elementales resuenan con las energías centrales de la propia vida, poderosas y no afectadas por los deseos humanos.

La práctica de trabajar con elementales no se trata de control, sino de construir una relación de respeto mutuo y reverencia. No son invocados ni comandados, sino honrados como aliados en el crecimiento personal y espiritual. Cuando se abordan con humildad, estos seres comparten sus profundas perspectivas y energías, ofreciendo orientación y empoderamiento de una manera profundamente personal y transformadora. Las hadas también reconocen a estos espíritus elementales como parientes, entendiendo que cada uno porta una esencia vital para el equilibrio de todas las cosas.

A través de esta primera exploración, los practicantes comienzan a sentir la presencia distintiva de estos aliados elementales. Cada uno posee una voz única, una resonancia que llama en momentos específicos de necesidad o crecimiento. A medida que profundizamos nuestra conexión con los elementales, nos recuerdan que somos parte de una vasta e interconectada red de existencia, donde las fuerzas de la tierra, el agua, el fuego y el aire se unen para sustentar y transformar toda la vida.

Una vez que un practicante ha formado una conexión inicial con los elementales de la tierra, el agua, el fuego y el aire, una nueva profundidad de interacción se vuelve posible, una que trasciende la simple observación y entra en el reino de la co-creación espiritual. Esta relación más profunda invita a una resonancia entre las energías humanas y elementales, promoviendo un intercambio equilibrado y recíproco. A medida que nos alineamos con los espíritus de la naturaleza, emergen rituales y prácticas que honran a estos seres y aumentan la conexión del practicante con las fuerzas elementales que guían y sustentan la propia vida.

Para iniciar este viaje, el practicante puede considerar la creación de un espacio sagrado específicamente diseñado para trabajar con elementales. Este espacio, ya sea en interiores o exteriores, sirve como un punto de conexión, un umbral donde las energías de cada elemento pueden manifestarse libremente y ser honradas. Un claro en un paisaje natural puede funcionar tan bien como un altar adornado con símbolos de cada elemento: cristales o tierra para la tierra, agua en un cuenco de vidrio, una vela encendida para el fuego e incienso o plumas que representan el aire. Tal espacio alinea las intenciones con los elementos, permitiendo un ambiente armonioso para conectarse con los espíritus elementales. Al entrar en este espacio, el practicante se centra, invitando a cada presencia elemental a ser sentida, estableciendo una atmósfera de respeto y receptividad.

Una comunicación más activa con los elementales se desarrolla naturalmente en estos entornos. Los elementales de la tierra, por ejemplo, pueden señalar su presencia a través de una sensación intensificada de estabilidad o una sensación de enraizamiento que se extiende por todo el cuerpo. Los practicantes pueden aumentar esta interacción a través de ejercicios físicos de enraizamiento, tocando la tierra o simplemente respirando profundamente, permitiéndose volverse tan arraigados como los árboles. Con los elementales del agua, se pueden sentir olas de calma o apertura emocional; esta energía se puede cultivar sosteniendo agua en las manos u observando su movimiento, sintonizándose conscientemente con el ritmo y la apertura del elemento.

Para aquellos atraídos por los elementales del fuego, entrar en una conexión profunda significa invocar una sensación de fuerza interior y transformación. Aquí, se puede sentar ante la llama de una vela, visualizándola como un puente hacia las salamandras, sintiendo la energía del calor y el coraje agitándose por dentro. Tales rituales no solo honran a los elementales del fuego, sino que despiertan el propio potencial del practicante para elevarse y transformarse en momentos de desafío. Mientras tanto, trabajar con elementales del aire puede implicar ejercicios respiratorios meditativos o enfocarse en la sensación del viento o la respiración contra la piel, experimentando la claridad efímera del aire e invitando a la introspección. Las sílfides a menudo se manifiestan como ideas fugaces o una claridad repentina, un recordatorio de que la inspiración y el conocimiento son tan fluidos como el propio viento.

Con el tiempo, los practicantes comienzan a desarrollar rituales elementales, prácticas exclusivas de su conexión con cada espíritu. Estos rituales son menos sobre pasos formales y más sobre una alineación intuitiva con la energía del elemento. Un ritual de tierra puede involucrar el acto de plantar una semilla con intenciones de crecimiento y enraizamiento, permitiendo que el espíritu de la tierra nutra tanto la semilla como los objetivos del practicante. Los rituales del agua pueden involucrar lavarse las manos en un arroyo u océano, permitiendo que el agua limpie y se lleve las emociones o energías innecesarias, un ritual en el que los elementales del agua ayudan en la claridad emocional y la liberación.

Los elementales del fuego inspiran rituales de transformación. Se pueden escribir creencias limitantes en papel y quemarlas en una pequeña llama, simbolizando una liberación y transformación de estas energías con la guía de las salamandras. Los elementales del aire, de la misma manera, inspiran rituales de liberación y renovación. Susurrar intenciones o deseos al viento, permitiendo que lleve las palabras y la energía, crea un lazo sutil pero profundo con las sílfides. Cada ritual elemental, personal y profundamente intencional, se convierte en una oportunidad de asociación con el reino elemental, fusionando la conciencia humana con la sabiduría de las fuerzas de la naturaleza.

Además de los rituales individuales, los elementales guían a los practicantes hacia una conciencia más profunda de los ciclos naturales y su interacción. La energía de enraizamiento de la Tierra se intensifica en la primavera, una estación de siembra y crecimiento; el flujo del agua es más fuerte durante los períodos de lluvia y en las estaciones de transición, trayendo renovación emocional; la potencia del fuego aumenta en el verano, un momento para la acción y la transformación; y la claridad del aire alcanza su punto máximo en el otoño, ofreciendo inspiración y perspicacia mientras la naturaleza se prepara para el descanso. Estos ciclos reflejan los ritmos internos, y los elementales se convierten en aliados para reconocer y armonizar con estas energías, enseñándonos a vivir en equilibrio.

A medida que los practicantes integran las prácticas elementales en sus vidas, surge un sentido de co-creación. Trabajar con elementales no es una cuestión de control, sino una danza colaborativa donde las intenciones del practicante se mezclan con las fuerzas naturales, mejorando los rituales y promoviendo el crecimiento. La tierra enseña paciencia y resistencia, el agua transmite adaptabilidad, el fuego trae coraje y el aire concede perspectiva. Estos espíritus nos recuerdan que la vida es una interacción constante con fuerzas más allá de nuestro control, pero al honrar estas fuerzas, encontramos armonía.

En esta relación profundizada, los practicantes obtienen no solo perspicacia, sino una sensación real de unidad con el mundo. Los elementales, antiguos y sabios, se ofrecen como guías, enseñándonos el ritmo de la naturaleza y nuestro lugar dentro de su vasta red interconectada. Y a medida que esta conexión se fortalece, también lo hace la capacidad del practicante para trabajar con las fuerzas elementales de manera que honren tanto al espíritu como a los elementos sagrados que dan forma a toda la existencia.

# Capítulo 25
# Ritual de Purificación Profunda

El acto de purificación se ha destacado durante mucho tiempo como uno de los ritos más profundos y sagrados de la humanidad, una ofrenda de uno mismo a las energías de la renovación, una liberación voluntaria de todo lo que pesa sobre el alma y el espíritu. En el contexto de la magia elemental y las conexiones con las hadas, la purificación sirve tanto como una invitación como una limpieza de caminos. Alinea al practicante con la claridad, libre de energías y emociones que nublan la percepción y la conexión. Como las hadas incorporan la pureza y la vibración de la naturaleza, entrar en su presencia a través de la limpieza ritual profundiza el vínculo, acogiendo su influencia y orientación.

Prepararse para un ritual de purificación requiere una intención deliberada y un ambiente libre de distracciones. El espacio elegido debe resonar con calma y quietud, idealmente un lugar cerca de la naturaleza, donde la tierra, el agua, el fuego y el aire convergen. Este lugar puede ser un claro en un bosque, un jardín aislado o un lecho de río tranquilo. Si se practica en interiores, el altar o espacio ritual debe incluir símbolos para cada elemento, afianzando el escenario en una armonía natural. Aquí, hierbas, cristales y flores pueden amplificar la pureza buscada. Las elecciones comunes incluyen salvia o romero para la tierra, agua salada para la limpieza, una llama de vela para la transmutación e incienso para la claridad del aire.

En preparación, el practicante se centra, entrando en un lugar de profunda conciencia. Respirando profundamente, comienza a liberar conscientemente las tensiones superficiales, visualizando cualquier energía inquieta disipándose con cada exhalación. En este momento, está en el umbral, un puente entre el peso del pasado y la promesa de ligereza por venir. Al invocar a las hadas, es crucial honrar su afinidad natural por la pureza, ya que sus energías están íntimamente alineadas con el equilibrio y la claridad de la naturaleza.

El ritual de purificación generalmente comienza con el elemento tierra. Con las manos desnudas, el practicante puede rociar un puñado de sal o colocar piedras alrededor de los pies, recurriendo a la fuerza de conexión a tierra de la tierra. Esta conexión a tierra simbólica fortalece la intención de liberar todas las energías que ya no sirven. Al sostener la sal o las piedras, se puede expresar silenciosamente gratitud a los elementales de la tierra, pidiendo su ayuda para anclar la estabilidad a través de la limpieza. Las hadas conectadas a la tierra pueden ofrecer su presencia sutilmente: una sensación de calor o una calma interior, guiando la intención del practicante hacia el centrado.

Luego, el agua se convierte en el medio de liberación, reflejando su poder para limpiar el espíritu mientras lava el cuerpo y el alma. Sumergiendo las manos en un cuenco de agua o, si está al aire libre, usando el agua dulce de un arroyo cercano, el practicante visualiza las energías negativas y las emociones estancadas fluyendo hacia el agua. Esta práctica simboliza la liberación, ayudada por los elementales del agua que llevan la negatividad residual. El practicante puede optar por rociar el agua sobre sí mismo o trazar círculos con los dedos húmedos sobre la piel, cada movimiento una oración de renovación. Invocando a las hadas del agua, se puede sentir un ablandamiento, una gentileza, como si las emociones guardadas durante mucho tiempo comenzaran a disolverse, dejando atrás una sensación de ligereza.

El ritual entonces abraza la energía del fuego, simbolizando la transformación y la purificación de aspectos más profundos e invisibles del yo. Una sola llama, ya sea de una vela o de una pequeña hoguera, se convierte en el punto focal, incorporando el espíritu de transformación. Aquí, el practicante sostiene un trozo de pergamino, una hoja o cualquier símbolo natural que represente lo que desea liberar, ya sea miedo, inseguridad o un dolor del pasado. Ofreciéndolo suavemente a la llama, observa cómo se consume, transformado en humo y cenizas. Este acto se acompaña de una sensación de liberación, una liberación tangible apoyada por los elementales del fuego, que traen calor y coraje. Las hadas alineadas con el fuego llevan esta intención hacia arriba, susurrando resiliencia en el corazón del practicante.

Finalmente, el elemento aire completa el ritual. Incienso o humo de sahumerio llena el espacio, subiendo y girando, alcanzando todos los rincones del aura. El practicante puede caminar a través del humo, moviendo las manos a través de él, sintiendo su ligereza mientras flota, llevándose cualquier último fragmento de peso. A medida que el aire toca la piel, trae claridad, una sensación de apertura, como una ventana abierta a la luz de la mañana. Los elementales del aire, presentes en los remolinos de humo o en una brisa que puede surgir, ayudan a despejar la niebla mental, ofreciendo perspicacia y una percepción aguda a medida que el ritual llega a su fin.

Con la conclusión de cada fase elemental, el practicante descansa, con los ojos cerrados, sintiendo el efecto acumulativo del ritual. Una sensación natural de paz surge, junto con la impresión de haberse despojado de un peso invisible. Las energías de las hadas, sutiles pero palpables, parecen flotar, bendiciendo este acto de auto-limpieza. Cada elemento ha desempeñado su papel, equilibrando y refrescando el aura del practicante, abriendo caminos para una conexión más profunda y armonía con el mundo de las hadas.

Para concluir, se ofrece una palabra de gratitud, silenciosamente o en voz alta, honrando a cada fuerza elemental y a las hadas que acompañaron este proceso. Al agradecer, el practicante reconoce la transformación lograda, reconociéndola como parte de un viaje continuo, un retorno cíclico a la claridad y la armonía interior.

Este ritual de purificación invita a las hadas a permanecer cerca, sintiendo la pureza de la intención y la alineación del espíritu del practicante con los reinos elementales. Es un rito de auto-renovación, un acto de reverencia por la interconexión de la energía humana y elemental, reafirmando el lugar de cada uno en la vasta danza de la naturaleza. Al alejarse del ritual, el practicante lleva consigo un aura renovada, clara y receptiva, abierta a las enseñanzas y la presencia de las hadas que habitan el mundo que le rodea.

Después de un ritual de purificación profundo, cambios sutiles generalmente comienzan a desplegarse, como si la esencia de cada elemento se hubiera impreso en el espíritu del practicante, amplificando la claridad interior. Esta segunda capa de purificación invita al practicante a sumergirse aún más en la energía del ritual, trascendiendo las formas visibles de cada elemento para alcanzar los hilos invisibles que conectan el yo con el todo mayor. Aquí, el ritual de purificación se convierte en un viaje para el alma, una invitación a involucrarse con las energías de las hadas en un nivel donde las vibraciones se armonizan y la claridad se intensifica, moviéndose a través de las capas del aura y más allá.

Como preparación para esta fase avanzada, el practicante se instala en un espacio meditativo, conectándose a tierra y centrándose una vez más. Una resonancia suave crece a medida que las hadas comienzan a acercarse, sus energías mezclándose con el pulso sutil de cada elemento presente. Cada una de estas fuerzas, tierra, agua, fuego y aire, sirve no solo como base, sino como un puente vivo, llevando al practicante más allá de la purificación superficial a un estado duradero de renovación energética.

El ritual comienza con un canto o encantamiento, una invocación rítmica susurrada o cantada para honrar a las hadas elementales y profundizar la alineación con las energías presentes. Cada palabra se elige con cuidado, extraída del lenguaje del corazón, como si se hablara directamente a las hadas, invitando a su sabiduría y orientación. El practicante permite que su voz se suavice y resuene, creando una vibración que limpia los residuos de energías anteriores e invita a la purificación a espacios más profundos del espíritu. El ritmo del canto, combinado con la respiración, forma una danza delicada, despertando vibraciones internas que resuenan con las hadas, guiándolas más cerca.

Para ampliar esta conexión, las visualizaciones ligeras se vuelven centrales. En esta fase, el practicante visualiza su aura como un campo de luz suave y radiante que se expande y fluye suavemente. Comenzando en los pies, la luz sube, llenando gradualmente cada parte del cuerpo y girando a su alrededor, cambiando de un brillo suave a una esfera brillante y completa. Dentro de esta aura, las visualizaciones de cada elemento aparecen a su vez: un verde terroso profundo, un azul fluido, un naranja cálido y un blanco etéreo. Estos colores se mezclan, simbolizando la unidad de los elementos dentro y alrededor, una personificación de la energía equilibrada.

Mientras está inmerso en esta visualización, las hadas conectadas a cada elemento pueden hacer que su presencia sea conocida, tejiendo a través de estos colores, mejorando el campo de energía visualizado con sus vibraciones. Las hadas de la tierra fortalecen la base de esta esfera, imbuyéndola de estabilidad, como si conectaran a tierra cada rincón de la mente y el espíritu. Las hadas del agua fluyen en corrientes suaves, purificando las emociones y lavando los residuos invisibles. Las hadas del fuego agregan chispas de transformación, fomentando el coraje y la liberación de viejos patrones, mientras que las hadas del aire susurran claridad, permitiendo que la mente se despeje, guiando al practicante hacia la percepción espiritual.

A medida que el aura se vuelve más brillante y equilibrada, el practicante extiende los brazos, sintiendo el peso de la purificación profundizarse en el alma. En esta fase, el ritual puede incluir una ofrenda sagrada a los elementos, símbolos simbólicos de aprecio por sus energías. Esta ofrenda puede ser en forma de pétalos de flores, granos o pequeños cristales, cada uno correspondiente a un elemento. A medida que estas ofrendas se colocan en el suelo, se conectan con cada elemento, convirtiéndose en vasos a través de los cuales se expresan la gratitud y la intención. Las hadas se reúnen alrededor de estas ofrendas, aceptándolas como símbolos de reverencia y respeto y, a su vez, amplificando las energías presentes en el espacio ritual.

El enfoque del practicante luego cambia a técnicas de respiración diseñadas para llevar el proceso de purificación aún más a las profundidades del subconsciente. Inspira lentamente, sintiendo la energía limpia de cada elemento llenando sus pulmones, y exhala para liberar cualquier tensión persistente, un ritmo constante que limpia desde el núcleo hacia afuera. Con cada respiración, el practicante visualiza capas de resistencia interna disolviéndose, descubriendo gradualmente un estado puro y receptivo, listo para abrazar plenamente las energías de las hadas.

Después de varios minutos de respiración consciente, la fase final del ritual requiere gestos de cierre. El practicante lentamente lleva las manos al corazón, reconociendo la presencia de las hadas y expresando gratitud silenciosa por su guía. Las manos se extienden hacia afuera, con las palmas hacia la tierra, liberando toda la energía residual en el suelo, donde será absorbida, transmutada y renovada por las fuerzas elementales. Esta acción de conexión a tierra sirve tanto como una liberación como un cierre, un retorno al ciclo natural.

Al concluir, el practicante puede notar una ligereza interior, una sensación que se hace eco de la vibración de las hadas. Este ritual de purificación, ahora completo, deja una claridad silenciosa y profunda: un alma renovada y sintonizada con los susurros silenciosos de la naturaleza. La presencia de las hadas perdura, tejida en el aura, creando un puente entre los reinos y dejando al practicante con una inconfundible sensación de conexión y claridad que lo acompañará en el futuro.

La purificación a través de las hadas y los elementos no es meramente un acto ritual; es una alineación, una restauración del yo dentro del orden natural más amplio, abriendo caminos para una participación más profunda y una percepción espiritual en los próximos días.

# Capítulo 26
## Desarrollando la Intuición

El desarrollo de la intuición a menudo comienza como una suave agitación interior, un sentido silencioso que trasciende lo ordinario, guiando a los individuos hacia percepciones a menudo invisibles para la mente racional. Para aquellos que buscan alinearse con la energía de las hadas, la intuición se convierte en algo más que un susurro interior; es una conexión vibrante con las sutilezas del mundo natural, una puerta de entrada a reinos vivos con sabiduría y maravillas.

Los primeros pasos para desarrollar la intuición están marcados por prácticas de sintonización interior. Las energías de las hadas son delicadas, tejidas en el mismo tejido de los ritmos de la Tierra, y sentirlas requiere una mente y un corazón que sean claros, calmos y receptivos. Para comenzar, se puede iniciar con ejercicios diarios de atención plena, anclando los sentidos en la textura de cada momento. Practicar la conciencia de la propia respiración u observar el ascenso y la caída de los pensamientos sin apego gradualmente sintoniza la mente, creando un espacio en el que la intuición puede florecer.

La atención plena también se extiende al mundo físico, donde las prácticas de observación de la naturaleza se convierten en un ejercicio sagrado. Ya sea sentado bajo un árbol, observando el suave balanceo de las hojas o sintiendo la textura del suelo entre los dedos, estos momentos se convierten en caminos para percibir cambios sutiles en la energía. Las hadas, como seres de la naturaleza, resuenan con esta presencia anclada y responden a ella, a menudo transmitiendo impresiones delicadas a aquellos que son observadores. Percibir cómo cambia la brisa o cómo ciertos sonidos emergen y se disipan puede ofrecer pistas de la presencia de las hadas, toques gentiles de reinos invisibles.

El proceso de sintonización interior también se profundiza a través de técnicas específicas de respiración que buscan aumentar la sensibilidad. La energía de las hadas fluye en ondas, a menudo ligeras y sutiles, y la respiración puede ser usada para atraer esa energía hacia adentro. A través de inhalaciones profundas y rítmicas y exhalaciones lentas, los practicantes alientan a sus campos de energía a sincronizarse con estas vibraciones, abriendo portales de percepción que van más allá de lo físico. El acto de respirar se convierte en un puente, una manera de acercarse a las frecuencias de las hadas y suavizar los bordes del pensamiento consciente.

A medida que la intuición despierta a través de estas prácticas, la meditación simbólica se convierte en la clave para refinarla aún más. Los símbolos sirven como puntos focales, herramientas que las hadas suelen usar para comunicarse entre los reinos. Por ejemplo, el practicante puede elegir un símbolo natural, como una hoja o una piedra, y sostenerlo durante la meditación, explorando sus texturas, peso y patrones. El símbolo se convierte en un ancla, un conducto para la energía, ayudando a enfocar la mente y guiando los sentidos intuitivos hacia mensajes más sutiles que las hadas suelen dejar en forma simbólica.

Mientras la meditación profundiza la conciencia, el uso de cristales ofrece otra dimensión en el desarrollo de habilidades intuitivas. Cristales como amatista, cuarzo transparente y piedra de luna son conocidos por aumentar la intuición, resonando con la energía del chakra del tercer ojo, que gobierna la visión interior. El practicante puede colocar un cristal sobre la frente o sostenerlo durante la meditación, invitándolo a amplificar las percepciones internas. Las hadas, que son atraídas por las energías del mundo natural, a menudo alinean su presencia con estos objetos, amplificando sutilmente el efecto del cristal para ayudar al practicante a acceder al conocimiento interior.

A medida que los sentidos intuitivos se fortalecen, la práctica del escaneo de energía introduce un enfoque más práctico. Con los ojos cerrados, el practicante mueve las manos sobre los objetos o en espacios específicos, permitiendo que las palmas de las manos sientan las variaciones de energía. Esta práctica mejora la capacidad de reconocer sensaciones de calor, frío o hormigueo, que a menudo significan áreas ricas en energía de hadas. Cada sesión de escaneo permite que el practicante perciba incluso los cambios más pequeños, creando una base para reconocer la presencia de las hadas y las energías diferenciadas que traen.

Con el tiempo, la percepción intuitiva se mejora aún más a través del registro de percepciones y reflexiones en un diario. Este proceso sirve como una forma de documentar patrones, símbolos y experiencias que pueden parecer aislados, pero revelan su significado a lo largo del tiempo. Cada entrada, por más breve que sea, se convierte en un registro de percepciones recibidas, sueños que sugieren mensajes de hadas o incluso símbolos que aparecen en la vida cotidiana. Con el tiempo, los patrones emergen, ofreciendo claridad y aumentando la confianza en los mensajes que el practicante percibe.

Con el crecimiento de la intuición, el viaje del practicante con las hadas se transforma, revelando una dimensión enriquecida de su presencia.

A medida que los sentidos intuitivos continúan abriéndose y revelando capas de comprensión ocultas, el viaje se profundiza en el intrincado arte de distinguir la verdadera intuición de los innumerables pensamientos que a menudo surgen en la mente. Para aquellos que trabajan con hadas, la claridad de la intuición se vuelve primordial, ya que estos seres hablan de maneras que eluden la lógica, tejiendo mensajes en el mundo natural y en el paisaje interior de cada uno. El cultivo del discernimiento y la sintonización ahora se convierte en una fuerza orientadora, permitiendo a los practicantes confiar en la autenticidad de lo que sienten y perciben.

Uno de los primeros pasos para refinar la intuición es desarrollar la capacidad de diferenciar entre la percepción intuitiva y el pensamiento racional. La intuición, a diferencia del razonamiento lógico, a menudo se presenta de forma espontánea, emergiendo como un sentimiento suave, pero distinto, una imagen o una sensación inquebrantable de saber. Para practicar esto, el practicante puede pasar tiempo en meditación, observando los pensamientos a medida que van y vienen sin apego, como hojas llevadas por un arroyo suave. Este desapego entrena a la mente para liberar patrones habituales de pensamiento, permitiendo que la verdadera intuición surja naturalmente y con claridad inconfundible.

Mejorando aún más este discernimiento, los ejercicios de visualización profundizan la receptividad de la mente a los mensajes de las hadas. La visualización sirve como un puente entre los mundos físico y etérico, preparando la mente para aceptar impresiones sutiles con mayor detalle y precisión. Una técnica eficaz es la "visualización del jardín", donde el practicante imagina entrar en un entorno natural vibrante, invocando la presencia de hadas y permitiendo que se comuniquen a través de imágenes, colores o incluso elementos simbólicos que aparecen en este espacio mental. Al refinar esta práctica, el practicante se vuelve hábil en reconocer la autenticidad de estas impresiones y discernir sus significados.

Para apoyar la sutileza de estas prácticas, cristales específicos continúan desempeñando un papel crucial. Piedras como celestita y labradorita son conocidas por resonar con los reinos etéreos e intuitivos, incentivando la claridad y la conexión con energías invisibles. Cuando se colocan en el tercer ojo o se sostienen durante la meditación, estos cristales amplifican la percepción intuitiva y alinean la energía de uno con las vibraciones delicadas que las hadas emiten naturalmente. Su presencia actúa como un amplificador suave, ayudando a separar las percepciones genuinas del ruido mental y aumentando la capacidad de detectar mensajes de hadas en las formas más sutiles.

A medida que la intuición se vuelve más receptiva, el practicante puede explorar el trabajo con sueños como otro medio de comunicación con las hadas. Las hadas a menudo eligen comunicarse durante el sueño, un momento en que la mente consciente descansa y el inconsciente se vuelve más accesible. Antes de dormir, el practicante puede establecer la intención de conectarse con las energías de las hadas, tal vez colocando un cristal al lado de la cama o manteniendo un ítem simbólico cerca. En el estado de sueño, las hadas pueden aparecer como guías, símbolos o incluso como la propia naturaleza. Al despertar, registrar estas experiencias en un diario sin análisis mantiene las impresiones intactas, permitiendo que su significado se revele naturalmente con el tiempo.

Para aquellos profundamente inmersos en este viaje intuitivo, aprender a sentir e interpretar los cambios de energía en entornos naturales se convierte en una habilidad avanzada. Al caminar por un bosque, prado o cerca de un arroyo, el practicante puede detenerse y sintonizarse con los cambios en el aire o en las sensaciones en el cuerpo. Un hormigueo suave, una sensación de calor o una repentina sensación de ligereza a menudo señalan la presencia de hadas. Con la práctica, el practicante aprende a interpretar estos cambios energéticos, discerniendo qué impresiones son genuinamente del reino de las hadas y cuáles pueden ser reflejos de sus propios pensamientos o emociones.

Para fortalecer y proteger aún más la receptividad intuitiva, el uso de técnicas de blindaje energético proporciona una protección para una comunicación clara. Las hadas, siendo seres de energía pura y llena de luz, responden y respetan los límites. Al visualizar una luz suave y radiante alrededor del cuerpo, el practicante establece un espacio seguro, filtrando energías que no resuenan con sus intenciones más elevadas. Este escudo no solo promueve la claridad, sino que también crea un espacio sagrado donde los mensajes de las hadas pueden fluir libremente y ser recibidos con confianza.

Finalmente, para anclar estas prácticas, el ritual de gratitud intuitiva se convierte en un método poderoso para enraizar y honrar esta conexión cada vez más profunda. Después de cada experiencia intuitiva o comunicación con hadas, un momento silencioso de agradecimiento reconoce su presencia y las percepciones obtenidas. Este ritual de gratitud es simple, pero profundo, tal vez una afirmación silenciosa, la ofrenda de una flor o algunas palabras dichas a la tierra. Este ritual de cierre trae una conclusión suave a cada sesión, armonizando la energía de uno con la de las hadas y tejiendo el lazo de la intuición cada vez más cerca del mundo natural y místico.

A través de estas prácticas, la intuición se transforma de un mero sentido en una conexión profunda, permitiendo que el practicante camine con las hadas no solo en rituales, sino en la propia esencia de la vida diaria.

# Capítulo 27
# Armonía en las Relaciones

A medida que la conexión con las hadas se profundiza, se abre un nuevo capítulo, invitando a su energía gentil a la intrincada red de las relaciones humanas. Las hadas, con su armoniosa sintonía con el mundo natural, aportan percepciones invaluables para restaurar el equilibrio y la empatía en las relaciones, revelando los intercambios de energía invisibles que ocurren entre los individuos. Abrazar esta sabiduría permite al practicante promover la comprensión, la compasión y la conexión genuina con los demás, un aspecto sagrado del crecimiento espiritual.

Un paso fundamental en la creación de armonía es preparar un espacio dedicado a nutrir energías positivas en las relaciones. Así como las hadas de la tierra, el agua, el fuego y el aire tienen roles específicos en el equilibrio elemental de la naturaleza, cada relación prospera cuando ciertas energías se alinean y fluyen armoniosamente. Para comenzar, el practicante puede elegir un lugar sereno, dentro o fuera de casa, donde se puedan introducir elementos calmantes: iluminación suave, cristales que evoquen paz y conexión (como cuarzo rosa y aventurina verde) y el aroma suave de hierbas como lavanda o manzanilla. Este espacio sirve como un santuario, un lugar para concentrarse en la curación y el fortalecimiento de los lazos con los seres queridos.

En este escenario sagrado, el practicante puede realizar el Ritual de las Hadas para la Empatía, una práctica que invita a las hadas a ayudar a profundizar la comprensión y promover la compasión. Con la mente tranquila y el corazón abierto, invocan a las hadas del elemento agua, conocidas por su sensibilidad y profundidad emocional, para ayudar a disolver barreras y malentendidos que puedan haberse formado. Sosteniendo un símbolo de la relación, ya sea un pequeño recuerdo o una fotografía, el practicante establece la intención de que la empatía y la comprensión fluyan libremente, imaginando la energía gentil de las hadas envolviendo esa intención. En su presencia, el practicante puede sentir una capacidad renovada de ver desde la perspectiva del otro, obteniendo *insights* sobre sus emociones y motivaciones.

Junto con la empatía, la paciencia es una cualidad esencial que las hadas pueden ayudar a cultivar en las relaciones. Las hadas de la tierra, con su naturaleza firme y arraigada, encarnan la paciencia mientras nutren y sostienen la vida a su alrededor. Inspirado por su energía, el practicante puede invocar a las hadas de la tierra en momentos de tensión o conflicto, pidiendo la fuerza para responder con calma y compostura. Una afirmación silenciosa repetida en silencio, como "Estoy enraizado en la paz", sirve para arraigar esta intención, canalizando la firme paciencia y sabiduría del hada hacia el corazón, promoviendo una calma que permite que la comprensión florezca con el tiempo.

A medida que se exploran las capas emocionales, la práctica del perdón se convierte en un camino potente para armonizar las relaciones. Las hadas, que se mueven libremente entre los mundos visible e invisible, ofrecen su guía para liberar las cargas que pesan sobre el corazón. Al encender una vela suave e invocar a las hadas del aire, maestras del movimiento y la liberación, el practicante visualiza las tensiones y quejas disipándose como niebla arrastrada por la brisa. Este ritual no necesita ser dramático; puede ser una expresión suave y silenciosa del deseo de dejar ir, abriendo espacio interior para la confianza y la paz renovadas. A través de la influencia de las hadas, el perdón se convierte en un acto de liberación, permitiendo la renovación emocional y el equilibrio.

Para cultivar aún más la armonía, se introduce el ritual de la comunicación compasiva, invitando a las hadas a ayudar a guiar palabras y emociones. A menudo, los malentendidos surgen no de la intención, sino de la energía cargada en las palabras. Al invocar a las hadas del elemento fuego, símbolo de pasión y expresión, se puede descubrir que sus palabras se vuelven imbuidas de calor y claridad. Mientras el practicante habla, puede visualizar una luz suave y ámbar alrededor de sus palabras, que lleva sus intenciones de bondad y honestidad. Esta práctica consciente alinea el corazón y la voz, ayudando a disolver la tensión y traer una calidad sincera a todos los intercambios.

Otro ritual conocido como respiración centrada en el corazón se basa en el poder de las hadas del aire para restaurar la armonía entre uno mismo y los demás. Aquí, el practicante se sienta en silencio, visualizando la presencia de estos seres gentiles a su alrededor. Al inhalar, imaginan atraer una energía ligera y aireada que llena el corazón con calor y paz. Cada exhalación libera cualquier resentimiento o frustración persistente, ofreciéndolo a las hadas del aire que lo transforman en ligereza. Con cada respiración, una sensación de calma y conexión se profundiza, creando un estado de receptividad que se extiende naturalmente a los demás, llenando vacíos que pueden haberse formado en la relación.

Para aquellas relaciones que pueden requerir una nutrición más consistente o continua, el amuleto de amistad de las hadas puede servir como un recordatorio tangible de la intención. Este amuleto puede ser tan simple como una pequeña piedra o ficha imbuida del deseo del practicante por armonía, confianza o conexión. Al sostener el amuleto e invocar a las hadas de la unidad y la amistad, el practicante lo imbue con este deseo. Mantenido en un lugar destacado, se convierte en un símbolo del apoyo continuo de las hadas, llevando la energía de la amistad al corazón de la relación.

A través de estos rituales y prácticas gentiles, un vínculo con las hadas se convierte en un puente hacia la comprensión y la empatía en todas las relaciones. El mundo de las hadas enseña que la armonía no es un estado estático, sino un equilibrio vivo y fluente, que requiere atención, compasión y un corazón abierto, cada cualidad mejorada por su presencia atemporal y solidaria.

A medida que el practicante se sintoniza con la influencia de las hadas en las relaciones, comienza a presenciar cambios sutiles: momentos en que los intercambios anteriormente tensos se suavizan, donde los malentendidos se deshacen sin esfuerzo. Es aquí donde la energía de la comunicación compasiva encuentra su expresión más profunda, apoyada por la guía de las hadas. Para sostener esta armonía, el practicante aprende a ir más allá del ritual simple; descubren el arte de nutrir el vínculo continuamente, permitiendo que la energía de las hadas se convierta en una fuerza silenciosa pero presente en sus intercambios con sus seres queridos.

Una forma de fortalecer esta conexión continua es a través de la práctica de la sintonización energética, que implica reconocer y ajustarse a los estados emocionales fluctuantes de aquellos cercanos a nosotros. Aquí, el practicante puede invocar a las hadas del aire, cuya sensibilidad al movimiento y a las corrientes invisibles las convierte en aliadas ideales en este esfuerzo. En un momento de silencio, el practicante cierra los ojos, visualizando a su ser querido envuelto en una luz suave y pálida que se balancea y cambia, revelando cualquier tensión sutil o corriente emocional. Al inhalar, atraen esta energía a su propia conciencia, reconociéndola con empatía y comprensión. Con cada exhalación, liberan una energía estabilizadora de vuelta a la visualización, ofreciendo calma y aceptación. Este acto de intercambio energético se convierte en una fuerza de arraigo, creando una resonancia armoniosa que se extiende naturalmente a sus interacciones.

Para profundizar esta armonía, el ritual de arraigo en espacios compartidos ofrece una oportunidad para que ambos individuos unan sus energías con el apoyo de las hadas. Las hadas de la tierra, con su presencia duradera y conexión con el suelo, ofrecen un modelo de armonía inquebrantable. En un área elegida, un jardín, una habitación silenciosa o incluso un lugar de meditación compartido, el practicante y su ser querido pueden sentarse juntos, sosteniendo una piedra o un pequeño cristal que representa su conexión. Al visualizar raíces que se extienden desde este objeto hacia la tierra, ligan sus intenciones de armonía y comprensión, arraigándolas en la energía estable y nutritiva de las hadas de la tierra. Este ritual simple puede transformar el espacio en un lugar de refugio, un recordatorio de su compromiso con la compasión y el equilibrio, incluso cuando enfrentan desafíos.

Las hadas también transmiten una conciencia única de los bloqueos de energía que pueden impedir la armonía. Las hadas del fuego, conocidas por su poder transformador, se vuelven instrumentales aquí, guiando al practicante a través de una limpieza simbólica y gentil de los bloqueos emocionales. Con la presencia de las hadas del fuego invocada, el practicante visualiza una pequeña llama dentro de su propio corazón o del corazón de su ser querido. Esta llama, brillante pero suave, ilumina cualquier miedo, resentimiento o herida no resuelta persistente, permitiendo que suban a la superficie. A medida que la llama se calienta, comienza a disolver estos bloqueos, reemplazándolos con una sensación de apertura y vulnerabilidad. A través de esta transformación suave y guiada por hadas, las relaciones se limpian gradualmente de viejas cicatrices emocionales, creando espacio para la confianza y la intimidad renovadas.

Otra práctica avanzada introducida por las hadas involucra rituales de reflejo, que permiten a los individuos reflejar las energías del otro y profundizar su empatía. Las hadas del agua, con su naturaleza fluida y cualidades reflexivas naturales, apoyan esta práctica. En un ambiente tranquilo, el practicante se imagina a sí mismo como un lago en calma, receptivo y abierto a las emociones de su ser querido. Mientras meditan sobre esta imagen, cualquier emoción, expresión o energía de su pareja fluye por su mente como ondas en el agua. Con el apoyo de las hadas del agua, el practicante comienza a comprender estos reflejos, captando intuitivamente las emociones subyacentes detrás de las palabras y acciones. Este ritual, aunque sutil, promueve una profunda empatía que puede conducir a una mayor armonía y una comprensión más profunda de las experiencias del otro.

Para asegurar que estas prácticas se integren naturalmente en la vida diaria, las hadas introducen objetos simbólicos en las rutinas del practicante, cada uno representando una cualidad que desean nutrir en sus relaciones. Pueden ser tan simples como una pequeña rama para simbolizar la flexibilidad, una piedra para la estabilidad o una pluma para la comunicación gentil.

Cada objeto, consagrado con la guía de las hadas, sirve como un recordatorio gentil de las cualidades necesarias para mantener el equilibrio y la compasión. Siempre que surjan tensiones, el practicante puede sostener o mirar estos objetos, reconectándose con sus intenciones y el apoyo siempre presente de las hadas.

Finalmente, al profundizar su viaje con las hadas, el practicante llega a reconocer que mantener la armonía requiere reflexión personal y renovación consistentes. Las hadas nos recuerdan que las relaciones reflejan nuestros estados internos y, por lo tanto, la autoconciencia y la claridad emocional son cruciales. A través de una práctica de reflexión semanal, apoyada por las hadas de la tierra y el agua, el practicante contempla sus acciones, palabras y emociones en los últimos días. Al ofrecer gratitud por momentos de comprensión y comprometerse a mejorar cualquier área donde hayan surgido tensiones, crean un espacio de responsabilidad y autocompasión. Esta reflexión, conducida bajo la guía gentil de las hadas, se convierte en un bálsamo que calma y nutre, asegurando que la energía de la armonía continúe floreciendo.

Al tejer estas prácticas, el practicante se convierte en un recipiente de compasión y empatía inspiradas en las hadas, capaz de traer luz y comprensión a cada relación. Las hadas, en su sabiduría atemporal, revelan que la verdadera armonía en las relaciones es un proceso vivo, que se fortalece a través de la dedicación, la empatía y una profunda conexión con las energías mágicas e invisibles que nos rodean.

## Capítulo 28
## Profundizando la Práctica

El viaje para profundizar la práctica comienza con el acto de la meditación constante y consciente. En lugar de una meditación estructurada o guiada, las hadas fomentan un enfoque más suave y abierto, que refleja los ritmos ondulantes de la naturaleza. Cada día, el practicante encuentra un espacio tranquilo, ya sea un claro apartado o un rincón sencillo adornado con elementos naturales, y se permite entrar en un estado receptivo. En estos momentos, no se establece ninguna agenda; en cambio, el practicante permanece abierto, escuchando los sutiles mensajes de las hadas. A menudo, esta comunión silenciosa permite que las energías de la naturaleza revelen su presencia a través de sensaciones, imágenes o intuiciones suaves. Con el tiempo, estas prácticas meditativas se profundizan, evolucionando hacia una forma de comunicación intuitiva donde la guía de las hadas es tan natural como una brisa suave o el calor de la luz del sol.

Paralelamente, las hadas introducen el concepto de dedicación cíclica, un reconocimiento de los ciclos y estaciones de la naturaleza, reflejado en el propio desarrollo del practicante. Al establecer intenciones alineadas con las fases lunares o los cambios estacionales, el practicante aprende a armonizar su crecimiento personal con los ritmos más amplios de la vida que le rodea. Durante la luna nueva, por ejemplo, pueden concentrarse en establecer nuevas intenciones, pidiendo a las hadas apoyo para manifestar cualidades como la paciencia, la compasión o la resiliencia. A medida que la luna crece, estas intenciones se nutren, ganando fuerza gradualmente, hasta que alcanzan su plenitud durante la luna llena, cuando las energías de las hadas están en su apogeo. De esta manera, la dedicación del practicante al crecimiento no es un camino rígido, sino uno que fluye y refluye, permitiendo ciclos naturales de reflexión y renovación.

Parte integral de esta práctica de profundización es mantener un diario espiritual, un registro vivo del viaje. En sus páginas, el practicante captura momentos de conexión, percepciones y la sabiduría suave, a menudo oculta, que las hadas transmiten. Este diario se convierte en una valiosa herramienta para la reflexión, un espejo del progreso del practicante y de la relación evolutiva con las hadas. Al documentar estos sutiles intercambios, pueden observar patrones a lo largo del tiempo, notando cómo ciertos mensajes de las hadas se repiten o cómo sus propias percepciones se profundizan con cada estación. Con el paso de los años, el diario se convierte en un mapa, guiándolos a través de descubrimientos pasados y recordándoles los caminos que han recorrido, un testimonio de su compromiso y crecimiento.

Junto con estas prácticas reflexivas, las hadas fomentan rituales de renovación, que limpian y recalibran la energía del practicante. Al igual que una lluvia de primavera que lava el bosque, estos rituales sirven para limpiar dudas acumuladas, distracciones o pesos emocionales que pueden impedir la conexión con el reino de las hadas. Usando a las hadas del agua como guías, el practicante puede optar por realizar una limpieza simbólica bajo la luz de la luna o con un puñado de hierbas bendecidas en agua. Con cada gota, imaginan limpiar su espíritu, permitiendo que cualquier energía que ya no les sirva sea arrastrada. Al integrar estos rituales, el practicante aprende el arte de la autorrenovación, manteniendo una conexión clara y vibrante con las energías que sustentan su viaje.

Las hadas, en su sabiduría atemporal, también transmiten la importancia de observar el propio progreso sin juzgar. A medida que el practicante profundiza en su práctica, se vuelve consciente de momentos en que su conexión parece fuerte y otros en que puede parecer débil o distante. En lugar de frustración, las hadas animan al practicante a abordar estas fluctuaciones con compasión y curiosidad, viendo cada experiencia como parte de un ciclo mayor. En momentos en que la conexión parece tenue, el practicante puede buscar las energías de conexión a tierra de las hadas de la tierra, que ofrecen una presencia reconfortante y les recuerdan la naturaleza inquebrantable de su camino.

Para asegurar la continuidad del crecimiento, las hadas revelan una práctica llamada anclar momentos, en la cual el practicante marca conscientemente sus hitos. Estas anclas son pequeños rituales de gratitud, actos simples que refuerzan el progreso realizado y honran el vínculo con las hadas. Por ejemplo, después de un año de práctica dedicada, el practicante puede plantar un árbol, consagrándolo como un emblema vivo de su viaje y dedicación. Con cada nueva hoja y rama, este árbol refleja su crecimiento, sirviendo como un recordatorio de su compromiso y un faro de las energías de las hadas que los apoyan.

A medida que el capítulo llega a su fin natural, las hadas transmiten una última sabiduría: el camino de la expansión continua. Con cada práctica, con cada meditación y con cada estación, el espíritu del practicante se despliega, como un helecho a la luz de la mañana. La relación con las hadas se convierte en un río de infinitas posibilidades, y aunque el practicante ha viajado lejos, las hadas revelan que no hay un verdadero final para este camino. Es un camino donde el crecimiento es continuo, donde la nueva sabiduría siempre está esperando y donde cada día, cada respiración, acerca al practicante al corazón del reino de las hadas y a los misterios que guarda.

A medida que el viaje de la práctica espiritual se desarrolla, el camino se profundiza, entretejiéndose en la vida diaria del practicante de maneras sutiles y profundas. Las hadas, siempre presentes y vigilantes, guían este proceso con manos suaves, revelando el arte del refinamiento interior y la gracia de la expansión de la autoconciencia. En esta fase, el practicante es invitado a abrazar no solo la conexión con las hadas, sino a vivir en armonía con sus enseñanzas, una vida inmersa en la sensibilidad a las energías alrededor y dentro.

En el centro de la profundización de esta conexión está la práctica de la consagración diaria. Todas las mañanas o noches, el practicante dedica unos momentos a realinearse con las intenciones establecidas en las etapas iniciales de la práctica. Al encender una vela, hacer una breve invocación o simplemente cerrar los ojos en silencio, afirman el compromiso que han hecho, no como una obligación, sino como un gesto de amor y respeto hacia las hadas y las energías que los guían. Con el tiempo, estos breves pero profundos momentos de consagración se vuelven tan familiares y nutritivos como respiraciones, atrayendo al practicante cada vez más a un estado de presencia y gratitud constantes.

Las hadas, siempre inclinadas al flujo de la naturaleza, introducen una perspectiva única sobre la adaptación y la flexibilidad en la práctica espiritual. Animan al practicante a aprender el ritmo de sus propias mareas espirituales, reconociendo cuándo sumergirse en intensa meditación y ritual y cuándo abrazar períodos de reflexión silenciosa. Durante los períodos de energía o entusiasmo intensificados, el practicante puede sentirse atraído a participar en rituales más elaborados o en una comunión prolongada con las hadas. En otras ocasiones, las hadas aconsejan al practicante que descanse, que deje que las aguas se calmen, permitiendo que las percepciones y las energías fluyan sin resistencia. A través de este ritmo, el practicante se sintoniza con los ciclos naturales internos, reflejando el flujo y reflujo de las estaciones de la naturaleza y profundizando su comprensión del equilibrio.

Una de las lecciones más profundas compartidas por las hadas en esta fase es la práctica de la observación silenciosa. Al observar la naturaleza sin la necesidad de interactuar o interpretar, el practicante se convierte en un testigo, un recipiente abierto a través del cual fluyen las energías sutiles de las hadas. Esta observación silenciosa es una meditación en sí misma, una forma de observar un arroyo moverse, escuchar el viento pasar por las hojas o contemplar un cielo iluminado por la luna. En estos momentos, la energía del practicante se calma, resonando con la presencia elemental de las hadas. Con el tiempo, estas prácticas abren una conciencia intuitiva, permitiendo que el practicante reciba percepciones y mensajes más allá del reino de las palabras, profundizando su comunión con las fuerzas invisibles que lo rodean.

A medida que el practicante se vuelve más hábil en tejer las energías de las hadas en la vida cotidiana, las hadas introducen el concepto de creación de rituales personalizados. Aquí, invitan al practicante a confiar menos en formas rituales estructuradas y más en sus propias percepciones intuitivas para crear rituales que resuenen profundamente. Estos rituales pueden ser simples o elaborados, pero siempre reflejan la relación única del practicante con el reino de las hadas. Ya sea creando una ofrenda de flores cerca de un arroyo, escribiendo un poema de gratitud o susurrando intenciones al viento, estos rituales son una forma de arte viva, una danza entre el alma del practicante y las energías de las hadas. Con cada nuevo ritual, el practicante refuerza su vínculo, expresando devoción no a través de la rutina, sino a través de la creatividad y la presencia genuina.

Parte integral de esta práctica de profundización es la orientación para desarrollar un santuario personal, un espacio sagrado en la casa o jardín del practicante, dedicado exclusivamente a la comunión con las hadas. A diferencia de un altar, este santuario es un entorno más grande y más inmersivo donde el practicante puede retirarse siempre que busque claridad, paz o renovación. Este espacio puede incluir objetos encontrados en la naturaleza, símbolos de los elementos o cualquier cosa que parezca conectada a las energías de las hadas. Aquí, el practicante cultiva un sentido de pertenencia, sabiendo que este santuario existe como una manifestación tangible de su conexión con las hadas. Con el tiempo, las energías dentro de este espacio se vuelven potentes, infundidas con la esencia de las hadas, convirtiéndose en un refugio donde el practicante puede meditar, reflexionar o simplemente estar en la presencia de estos seres místicos.

Las hadas también introducen una práctica profunda llamada armonización con las estaciones internas. Así como la naturaleza tiene sus ciclos, el alma también. Durante los momentos de introspección, se anima al practicante a reflexionar sobre qué "estación interior" está experimentando. Si está en una fase de "primavera", el practicante puede sentirse inspirado a establecer nuevas intenciones o aprender nuevas prácticas, a medida que una nueva energía florece dentro de él. En "verano", puede sentirse vibrante, participando activamente en sus rituales y conexiones. Durante el "otoño", una fase de liberación, puede descubrir que es hora de abandonar hábitos o apegos que ya no sirven a su camino. Finalmente, en "invierno", un período de descanso y quietud interior, las hadas aconsejan al practicante que se retire y conserve su energía, nutriendo las semillas del crecimiento futuro. Al sintonizarse con estas estaciones internas, el practicante alinea su viaje espiritual con una progresión natural y suave, creando armonía entre sus mundos interior y exterior.

Esta fase de profundización espiritual alcanza su esencia en la práctica de la gratitud perpetua. Aquí, el practicante aprende a imbuir cada momento, desde el gesto más pequeño hasta el ritual más profundo, con un sentido de aprecio por las energías, los seres y las experiencias que dan forma a su camino. Las hadas, cuya presencia está entrelazada en todos los aspectos de la vida, se convierten en participantes activas de esta práctica de gratitud, recibiendo la energía del aprecio y amplificándola. A través de esta práctica, el practicante se da cuenta de que la gratitud es una herramienta poderosa, no solo para mantener la armonía con las hadas, sino para fomentar un profundo estado de alegría y realización interior. La gratitud, cuando se practica como un estado constante, se convierte en una luz que ilumina el camino a seguir, asegurando que cada paso dado esté imbuido de reverencia y respeto.

Con estas prácticas, el practicante descubre que su conexión con las hadas ha trascendido los límites de rituales formales o espacios definidos. Se convierte en una relación viva, que respira, crece y evoluciona continuamente. Las hadas, siempre vigilantes y nutritivas, han compartido su sabiduría generosamente, guiando al practicante a un lugar de autoconfianza, donde el conocimiento de las energías de las hadas ya no es externo, sino incorporado al espíritu del practicante.

Así, el viaje de profundización de la práctica es de expansión continua, una fusión silenciosa y constante del yo con las fuerzas de la naturaleza y el espíritu. Y a medida que esta conexión madura, el practicante descubre que ya no busca a las hadas como seres separados, sino que las reconoce como una parte inseparable de su propia esencia, un viaje que continúa desarrollándose, momento a momento, estación tras estación.

# Capítulo 29
# Ancestralidad y Hadas

En los rincones más profundos y ocultos de los bosques ancestrales y en los susurros silenciosos de las cumbres de las montañas, residen las memorias de aquellos que caminaron en esta tierra antes que nosotros. Estas memorias, entrelazadas con el tejido de la propia naturaleza, perduran en rocas, árboles y arroyos, llevando susurros de vidas pasadas, sueños, alegrías y tristezas. Guardianas de este conocimiento ancestral, las hadas personifican la memoria viva de la naturaleza, uniendo el pasado al presente y sirviendo como guardianas de la sabiduría ancestral que atraviesa siglos. Su presencia nos invita a ver más allá de la superficie de las cosas, a sentir los hilos que nos conectan a aquellos que vivieron mucho antes, y a percibir que nuestras vidas son parte de una corriente ininterrumpida que se extiende a lo largo de las eras.

Esta línea de descendencia no es simplemente un registro de nombres, fechas e historias familiares, sino una energía que pulsa dentro de nosotros, moldeando nuestras fuerzas, luchas, sueños e incluso nuestros miedos más profundos. Las hadas, en su sabiduría ilimitada, nos ayudan a entender la ancestralidad como algo vivo, un flujo de conciencia y espíritu que fluye hacia nuestro propio ser. Nos recuerdan que, como árboles entrelazando sus raíces para compartir nutrientes y comunicarse, estamos conectados a nuestros ancestros de maneras que van más allá de las palabras. Cada latido del corazón que sentimos resuena con los ritmos de aquellos que vinieron antes, y al sintonizarnos con esta resonancia, podemos acceder a una sabiduría y fuerza que sobrepasa nuestra comprensión inmediata.

Las hadas nos guían hacia esta conciencia con un toque delicado y paciente, animándonos a mirar la ancestralidad como un tapiz de experiencias tejidas en la energía de nuestras almas. A través de su orientación, aprendemos a reconocer que los hilos invisibles de nuestra línea de descendencia influyen no solo en quiénes somos, sino en quiénes tenemos el potencial de convertirnos. Sin embargo, esta conexión con el pasado requiere cultivo, una disposición para mirar hacia adentro, para explorar las profundidades de nuestras propias raíces. Al involucrarnos en rituales que honran a aquellos que caminaron antes que nosotros, comenzamos a experimentar su presencia como parte de nuestras vidas cotidianas. Ofrendas simples dejadas en la naturaleza (una dispersión de granos, un puñado de flores silvestres o una piedra colocada cuidadosamente cerca de un arroyo) se convierten en actos de memoria, una forma de invitar a nuestros ancestros a caminar con nosotros una vez más.

Estos rituales, aunque aparentemente pequeños, poseen un simbolismo profundo. Al dejar estas ofrendas en espacios naturales, creamos un puente entre nuestro mundo y el de nuestros ancestros. Las hadas, sirviendo como intermediarias entre los reinos, aseguran que estos gestos sean recibidos y comprendidos, honrando tanto nuestra línea de descendencia como las fuerzas místicas que nos conectan a ella. Ellas entienden que estas ofrendas no son meros símbolos, sino profundos reconocimientos de un pasado que vive dentro de nosotros. Las hadas, con su sensibilidad innata al flujo de energías, guían estos gestos para que resuenen a través del tiempo, permitiéndonos sentir que nuestros ancestros están realmente próximos, incluso aunque permanezcan invisibles.

Entre las prácticas que abren puertas a nuestros ancestros, la meditación ancestral es una de las más transformadoras. Aquí, las hadas animan a los practicantes a encontrar un lugar tranquilo y aislado en la naturaleza (quizás al lado de un árbol antiguo o en un bosque aislado) para iniciar su viaje interior. Sentados en silencio, nos permitimos sentir la tierra bajo nosotros, respirar el aire que nutrió a nuestros ancestros y abrir nuestros corazones a las energías que nos rodean. Las hadas nos ayudan a visualizar raíces creciendo de nuestros cuerpos hacia la tierra, entrelazándose con las raíces de nuestros ancestros. Estas raíces se extienden profundamente en el suelo, alcanzando más allá de los límites del tiempo y del espacio, creando una red de apoyo y sabiduría que nos sostiene.

Esta práctica es mucho más que una meditación; es una forma de comunión con la esencia de nuestra herencia. Cada vez que extendemos la mano hacia estas raíces, nos reconectamos con el espíritu de aquellos que moldearon el camino que recorremos hoy. Las hadas, a su manera gentil, nos ayudan a acceder a esta energía, guiándonos hacia un sentido de pertenencia que es tan antiguo como las montañas y tan duradero como los ríos. A través de esta conexión, comenzamos a sentir la presencia de los ancestros dentro de nosotros como influencias vivas, cada latido del corazón llevando adelante su sabiduría, sus sueños y su amor.

Otra capa de este viaje involucra las historias ancestrales, que sirven como un medio vital para reavivar nuestra conexión con la línea de descendencia. Incluso cuando los registros familiares se han desvanecido o memorias específicas se han perdido en el tiempo, las hadas nos animan a explorar la herencia general y los símbolos culturales que resuenan con nuestra ancestralidad. Nos inspiran a reavivar esta conexión sumergiéndonos en el folclore, en los rituales tradicionales y en los cuentos pasados de generación en generación. Al honrar estas historias (reunidos alrededor de una hoguera, bajo un cielo estrellado o en la soledad de un claro en el bosque) nos abrimos a las verdades contenidas en ellas. Las hadas, que son testigos de estas recitaciones, crean un espacio donde las energías de estas historias pueden despertar, llenándonos de percepciones y un sentido de pertenencia.

Al escuchar estos cuentos, podemos encontrarnos entrando en contacto con los sueños y luchas de nuestros ancestros, experimentando sus alegrías y tristezas como si fueran nuestras. Las hadas actúan como guardianas silenciosas de estos momentos, ayudándonos a reconocer la relevancia de estas historias en nuestras propias vidas. Revelan que estos cuentos son más que mera historia; son mensajes, llevando orientación, advertencias y lecciones destinadas a auxiliarnos en nuestros propios viajes. Este reavivar de las historias ancestrales se convierte en un ritual de memoria, una forma de honrar los sueños y sacrificios de aquellos que abrieron camino para nosotros.

El trabajo con sueños es otro camino por el cual las hadas nos ayudan a conectarnos con nuestra ancestralidad. Con su afinidad natural por los espacios liminales, las hadas nos guían hacia un estado de apertura antes de dormir, permitiendo que las energías ancestrales nos visiten en sueños. Al establecer la intención de conectarnos con los ancestros antes de caer en el sueño, creamos un puente hacia el mundo espiritual, donde mensajes del pasado pueden emerger. En estos sueños, guiados por las hadas, podemos recibir mensajes, imágenes o símbolos que ofrecen sabiduría o percepción. Con el tiempo, con paciencia y práctica, nuestra capacidad de recordar e interpretar estos sueños se mejora, permitiéndonos descubrir los patrones y la sabiduría tejidos en nuestros espíritus por aquellos que vinieron antes que nosotros.

Las hadas nos guían para abordar cada sueño con reverencia, animándonos a mantener un diario y registrar los detalles, símbolos y emociones que surgen. A través de esta práctica, comenzamos a percibir conexiones que de otra manera podrían perderse, patrones que reflejan las experiencias y percepciones de nuestra línea de descendencia. En el mundo de los sueños, nuestros ancestros se convierten en más que figuras distantes; son compañeros, ofreciendo orientación, consuelo y un vislumbre ocasional de nuestro pasado compartido. Con cada mensaje, cada símbolo, las hadas nos ayudan a ver que nuestra ancestralidad no es una mera memoria, sino una fuerza viva, que camina con nosotros todos los días, incluso en el reino de los sueños.

Una práctica adicional y profundamente sagrada es la creación de un altar ancestral. Este espacio dedicado sirve como un punto focal para la conexión con la línea de descendencia, honrando tanto a los miembros conocidos como a los desconocidos de nuestro árbol genealógico. En este altar, podemos colocar elementos que tengan significado personal o cultural (fotografías de seres queridos, piedras o tierra de tierras ancestrales, símbolos de nuestra herencia o incluso reliquias familiares pasadas de generación en generación). Las hadas, que sirven como guardianas de este altar, aseguran que las energías permanezcan armoniosas y acogedoras, proporcionando una presencia reconfortante que llena el espacio. Al encender velas, dejar pequeñas ofrendas o simplemente detenernos para reflexionar, invitamos a nuestros ancestros a nuestras vidas, creando un lazo sagrado que desafía las restricciones del tiempo.

Estos altares no son solo espacios físicos; son portales al mundo espiritual. Al cuidar de estos altares, hacemos tangible nuestro respeto, nuestros gestos imbuidos de amor y reconocimiento. Cada vez que nos acercamos al altar, reforzamos el lazo que nos une a nuestra herencia, extrayendo fuerza de aquellos que caminaron en la tierra antes que nosotros. Las hadas nos animan a mantener este espacio vivo con ofrendas, ya sea una flor, un símbolo o un mensaje sincero, cada acto de reverencia que afirma nuestro lugar en la línea de descendencia de las almas. El altar sirve como un recordatorio constante de que no estamos solos, pues llevamos la presencia de nuestros ancestros con nosotros siempre.

Uno de los aspectos más profundos de este viaje reside en el perdón y la sanación ancestral. Las hadas, con su gentil sabiduría, nos ayudan a reconocer que dentro de cada línea de descendencia puede haber dolores no resueltos o cargas persistentes pasadas de generación en generación. Estas energías, que pueden manifestarse como desafíos personales o patrones en nuestras vidas, son ecos de traumas, miedos o conflictos pasados que nunca fueron resueltos. A través de prácticas meditativas, las hadas nos guían para visualizar estas cargas como energías que pueden ser reconocidas, liberadas y transformadas.

El proceso de sanación ancestral se convierte en un viaje de compasión, donde extendemos el perdón a aquellos que pueden haber luchado, errado o sufrido de maneras que afectaron a las generaciones futuras. Las hadas, actuando como intermediarias, facilitan esta liberación, permitiéndonos dejar de lado lo que ya no sirve, abriendo camino para que la paz y la armonía fluyan a través de la línea ancestral. Con cada acto de sanación, contribuimos a un legado de amor y comprensión, transformando nuestra línea de descendencia de maneras que resuenan a través del tiempo.

A medida que profundizamos nuestra relación con la ancestralidad, nuestra comprensión de la herencia se expande para incluir no solo ancestros individuales, sino el espíritu más amplio de la humanidad. Las hadas, guías siempre presentes, nos presentan símbolos y costumbres que hablan de la herencia colectiva que compartimos con los demás. Cada símbolo cultural o costumbre ancestral se convierte en un medio de acceder a las energías ligadas a nuestras tierras ancestrales, un conducto a través del cual nos conectamos con el tapiz más amplio de la experiencia humana. Usar estos símbolos o incorporarlos en rituales llena nuestra práctica con la energía de aquellos que recorrieron caminos similares, recordándonos las conexiones universales que nos unen a todos.

Con la orientación de las hadas, las ofrendas estacionales se convierten en rituales que honran la naturaleza cíclica de la vida y la muerte, haciendo eco de los ritmos naturales que nuestros ancestros una vez reverenciaron. En la primavera, flores y plantas jóvenes honran la renovación de la vida; en el otoño, granos y raíces celebran la cosecha. Cada estación está impregnada de sus propias memorias ancestrales, reflejando las vidas y experiencias de aquellos que se adaptaron a los ciclos cambiantes de la tierra. A través de estos rituales, reconocemos que nuestra conexión con la herencia fluye no solo hacia atrás en el tiempo, sino también hacia afuera, para abarcar la experiencia universal de la vida en la Tierra.

Cantos y canciones proporcionan otro medio de conectarnos con nuestra ancestralidad colectiva. Las hadas nos animan a descubrir melodías tradicionales, ya sean pasadas de familia o inspiradas en las tierras de nuestros antepasados. Cada palabra y nota resuenan a través del tiempo, invocando la energía de innumerables voces que cantaron estas melodías antes que nosotros. Al cantar, podemos sentir la presencia de aquellos que vinieron antes, sus espíritus uniéndose en un coro que une generaciones. Las hadas, amplificando esta energía, nos ayudan a sentir el poder colectivo de nuestra línea de descendencia, una fuerza que trasciende las fronteras del tiempo y del espacio.

Finalmente, los practicantes son guiados por las hadas a embarcarse en una peregrinación (ya sea física o en espíritu) a los lugares ligados a sus raíces. Visualizar estas tierras se convierte en un acto sagrado, una forma de entrar en los paisajes que nuestros ancestros conocieron. Si es posible visitar estos lugares, cada paso dado allí se convierte en una oración, un gesto de reverencia por la tierra que una vez nutrió a aquellos que vinieron antes. Pero incluso si el viaje permanece dentro de los ojos de la mente, las hadas nos ayudan a sentir la esencia de estas tierras, permitiéndonos recorrer los caminos de nuestros ancestros en espíritu.

La culminación de este viaje es una ceremonia llamada Ritual de Comunión Ancestral, donde los practicantes reúnen elementos que representan el pasado y el presente (tierra, velas, alimentos tradicionales) y realizan un ritual sagrado que invita a las energías ancestrales a sus vidas. Este ritual, a menudo realizado al aire libre o en presencia de árboles, se convierte en un espacio donde las hadas, los ancestros y el practicante se reúnen en una comunión que celebra los lazos de la línea de descendencia. En este momento, los practicantes sienten la bendición de cada vida que vino antes que ellos, entrelazada en su propio espíritu.

Al final del viaje, no nos colocamos como individuos aislados, sino como portadores de un legado, guardianes de memorias, sabiduría y amor que se extienden más allá de nuestras propias vidas. Las hadas, que caminaron con nosotros en cada ritual y meditación, revelan la belleza de vivir en armonía con nuestras raíces. Nos muestran que el peso del pasado no necesita ser una carga, sino una fuente de fuerza infinita, que nos conecta a la esencia atemporal de la naturaleza y del espíritu. Y en esta comunión, descubrimos que somos parte de una corriente sin fin, un eslabón que une a toda la naturaleza, la humanidad y el espíritu en un abrazo atemporal.

# Capítulo 30
## Ritual de Autocuración

En el suave crepúsculo donde el mundo cotidiano se encuentra con el reino del espíritu, las hadas sacan a relucir su capacidad innata para curar, invitando a los practicantes al arte sagrado de la autocuración. El ritual de autocuración se desarrolla como un diálogo íntimo con el yo, guiado por hadas que comprenden los desequilibrios energéticos que a menudo se manifiestan como malestar físico o emocional. En su presencia, se anima a los practicantes a reconocer el dolor que llevan, ya sea visible u oculto. Las hadas ofrecen un espacio sin juicios, alentando a los practicantes a abordar su dolor con la misma compasión que podrían extender a otros. Este enfoque transforma el ritual de autocuración en un poderoso acto de autocompasión, donde el practicante aprende a abrazar y transmutar sus propias energías.

Las hadas introducen a los practicantes en el arte de la limpieza energética, un primer paso vital para la autocuración. A través de la visualización y la respiración profunda, los practicantes aprenden a liberar la energía estancada de sus cuerpos, permitiendo que la energía fresca y vibrante fluya libremente. Las hadas los guían para imaginar un suave flujo de luz recorriendo cada parte de su cuerpo, lavando bloqueos, dudas o miedos. Este proceso de limpieza es como una lluvia de primavera limpiando el aire, refrescando el espíritu y preparando al practicante para una curación más profunda. Con cada respiración, los practicantes pueden sentir capas de tensión disolverse, como si las hadas estuvieran barriendo telarañas de su mundo interior.

En esta fase, se anima a los practicantes a conectarse con cristales y hierbas curativas que las hadas aprecian. Al incorporar cristales específicos como el cuarzo rosa o la amatista y plantas como la lavanda o la manzanilla, los practicantes crean un ambiente donde las energías curativas resuenan poderosamente. Estos aliados naturales son más que meras herramientas; se convierten en compañeros energéticos, cada uno elegido con la guía de las hadas por sus propiedades únicas. Las hadas revelan que, cuando estos elementos se colocan conscientemente en un espacio de curación o se mantienen cerca durante la meditación, amplifican las intenciones, creando una sinergia suave pero potente de energías que promueven la recuperación física y emocional.

Con la energía limpia y el espacio preparado, las hadas invitan a los practicantes a viajes de visualización guiada, diseñados para promover la autocuración. A través de estos viajes, los practicantes entran en un paisaje interior moldeado por sus necesidades y recuerdos únicos. Las hadas los llevan a lugares en la naturaleza, un claro tranquilo en el bosque, una orilla pacífica del río o una cueva luminosa, donde pueden sumergirse en energías restauradoras. En estos espacios sagrados, las hadas animan a los practicantes a sentarse en silencio, sintiendo su presencia y permitiendo que las energías de estos santuarios imaginados los envuelvan y curen. Cada respiración tomada en este espacio actúa como un elixir, llenándolos de una profunda sensación de seguridad y calma, lejos de las ansiedades de la vida cotidiana.

En este espacio seguro, las hadas presentan a los practicantes el poder de las afirmaciones para el amor propio y la curación. Estas palabras no son frases simples, sino portadoras de intención, cada una cuidadosamente seleccionada para resonar con el núcleo del practicante. Las hadas los animan a decir frases como "Estoy completo", "Soy resiliente" o "Soy digno de paz", mientras se concentran en áreas de tensión o dolor dentro del cuerpo. Con la guía de las hadas, estas afirmaciones se vuelven vibrantes con energía curativa, entrelazándose en el espíritu del practicante. Cada palabra dicha es como una gota de luz, llenando espacios donde heridas o dudas pueden haber permanecido e infundiendo en el practicante un nuevo sentido de empoderamiento y armonía interior.

En momentos de profunda vulnerabilidad, las hadas enseñan a los practicantes a usar el autoabrazo como un gesto de curación. Esto implica colocar las manos sobre el corazón o sostener suavemente los hombros, incorporando una sensación de presencia y cuidado con el yo. Las hadas revelan que este simple acto conecta el cuerpo físico y emocional del practicante, anclándolo en el aquí y ahora y abriéndolo a un intercambio compasivo de energía consigo mismo. En estos abrazos, los practicantes sienten como si las propias hadas los estuvieran envolviendo en alas de luz, susurrando ánimo y apoyo.

Para los practicantes que enfrentan heridas emocionales más intensas o persistentes, las hadas presentan un ritual de autoperdón. Con su guía gentil, se anima a los practicantes a reconocer experiencias pasadas que han dejado efectos persistentes en su espíritu. Las hadas iluminan que la verdadera curación a menudo implica liberar la culpa, la vergüenza o la autoculpa, permitiendo a los practicantes recuperar aspectos de sí mismos perdidos por el dolor del pasado. Este ritual se realiza encendiendo una vela como símbolo de claridad y renacimiento, mientras silenciosamente se ofrece perdón a sí mismo, como si se curara una vieja herida. A medida que la vela arde, los practicantes sienten el peso de estos recuerdos elevándose, reemplazado por una sensación de ligereza y libertad, como si se estuvieran volviendo más ellos mismos a cada momento.

Al cerrar el ritual de autocuración, las hadas guían a los practicantes hacia prácticas de enraizamiento que anclan su energía restaurada en el cuerpo físico. Esta etapa final implica enfocarse en las sensaciones en los pies, imaginando raíces que se extienden profundamente en la tierra, conectándolos con la solidez y la estabilidad del suelo debajo. A través de esta visualización, las hadas aseguran que la energía curativa reunida durante el ritual se selle por dentro, tejida en el tejido del ser del practicante. Enraizados y renovados, los practicantes emergen del ritual con una sensación de totalidad, profundamente conscientes de su capacidad innata para la curación y el amor propio.

Una vez que los practicantes se han embarcado en el viaje de la autocuración, entran en un reino sagrado donde la energía personal se armoniza con la presencia nutricia de las hadas. En esta segunda fase, el ritual de curación se profundiza, evolucionando hacia una experiencia de profunda regeneración y transformación interior. Las hadas guían al practicante a explorar nuevas dimensiones dentro de sí mismo, donde la curación se extiende más allá del alivio inmediato hacia un estado duradero y arraigado de bienestar. Cada respiración, cada gesto se convierte en un testimonio del potencial de renovación que reside en el espíritu.

En el corazón de este ritual, las hadas presentan el arte de la respiración guiada para amplificar el flujo de energía curativa. Se anima a los practicantes a sincronizar su respiración con el ritmo de la tierra, inhalando profundamente y exhalando con intención. Las hadas dirigen cada respiración a diferentes partes del cuerpo donde se necesita curación, llevando consigo una corriente invisible de fuerza y liberación. Con cada inhalación, los practicantes absorben luz, calma y resiliencia; con cada exhalación, liberan tensiones, dudas y quejas del pasado. Las hadas enfatizan que esta respiración no es simplemente un proceso mecánico, sino un acto de comunión con la fuerza vital que anima a toda la creación. Cada respiración se convierte en un puente, conectando al practicante con su yo interior y con el mundo que lo rodea.

Sobre esta base, las hadas guían a los practicantes en ejercicios de visualización para fortalecer la conexión mente-cuerpo. Introducen la imagen de una luz suave y brillante, pulsando suavemente en el centro del cuerpo, expandiéndose hacia afuera con cada respiración. Esta luz irradia energía curativa, viajando a áreas de malestar o estancamiento, inundándolas de calor y vitalidad. Las hadas animan a los practicantes a percibir esta luz como una representación de su propio poder curativo innato, que se vuelve más brillante y radiante con la intención enfocada. Esta visualización no solo calma, sino que también empodera, invitando a los practicantes a presenciar su propia capacidad para generar y dirigir fuerzas curativas desde dentro.

En este viaje, las hadas también introducen el concepto de cromoterapia como un medio para aumentar la profundidad emocional del ritual. Explican que cada color incorpora una frecuencia distinta y ofrece propiedades curativas únicas. Guiados por las hadas, los practicantes aprenden a visualizar colores que resuenan con sus necesidades, envolviéndose en tonos que calman, energizan o elevan. Una luz dorada puede envolverlos en confort y protección, mientras que un brillo azul o verde puede calmar la mente y restaurar la paz. Las hadas invitan a los practicantes a experimentar, confiando en su intuición para elegir colores que se alineen con sus intenciones. Esta exploración del color no solo aumenta la eficacia del ritual, sino que también profundiza la sensibilidad del practicante a las energías y emociones sutiles.

A lo largo del ritual, las hadas enfatizan la importancia del toque afirmativo, una práctica en la que los practicantes colocan suavemente las manos sobre áreas de tensión o dolor. Este toque, infundido con la intención de curar, trae atención y conciencia a partes del cuerpo que pueden sentirse desconectadas. Las hadas sugieren que los practicantes combinen este toque con afirmaciones, creando una unión poderosa de curación física y energética. Con cada toque y afirmación, los practicantes cultivan un sentido de compasión y aceptación por su cuerpo, viéndolo no como una entidad separada, sino como un recipiente sagrado que merece respeto y cuidado.

A medida que el ritual progresa, las hadas animan a los practicantes a explorar el reino del sonido energético. Tararear suavemente, tonos vocales o incluso escuchar sonidos naturales, como el susurro de las hojas o la lluvia suave, se convierten en parte integral del viaje de curación. Las hadas revelan que el sonido transporta vibraciones capaces de alcanzar capas profundas de la psique, desbloqueando energías y emociones bloqueadas. Se invita a los practicantes a tararear o cantar de una manera que se sienta natural, ajustando sus voces para resonar con sus cuerpos. Las hadas guían suavemente este proceso, ayudando a los practicantes a descubrir tonos que corresponden a cada parte de su cuerpo, activando energías curativas internas. Esta práctica transforma el sonido en un instrumento de curación sagrado, amplificando el poder del ritual y armonizando las frecuencias internas del practicante.

Cerca del final del ritual, las hadas presentan la gratitud como una práctica transformadora. Aquí, se invita a los practicantes a hacer una pausa, reconociendo el viaje que han realizado a través de su paisaje interior. Las hadas sugieren expresar gratitud no solo por la curación recibida, sino también por la fuerza interior que les permitió emprender este viaje. Animan a los practicantes a agradecer a su propio espíritu, por su resiliencia, y a las hadas por su guía y apoyo. Este acto de gratitud, simple pero profundo, ancla las energías curativas en el ser del practicante, fortaleciendo el vínculo entre su espíritu y las fuerzas de la naturaleza.

En los momentos finales, las hadas guían a los practicantes en un ritual de cierre, una práctica que sella y preserva las energías curativas despertadas durante el ritual. Las hadas animan a los practicantes a visualizar un aura protectora y brillante a su alrededor, una barrera suave que mantiene el nuevo equilibrio interior. Esta aura, una mezcla de luz e intención, es un recordatorio energético de que la curación es un estado continuo, protegido y nutrido a lo largo del tiempo. Se recuerda a los practicantes que esta aura no solo mantiene las energías cultivadas en el ritual, sino que también actúa como un escudo contra la negatividad externa, asegurando que su paz interior permanezca intacta al regresar al mundo más allá del espacio ritual.

Saliendo del ritual, los practicantes llevan consigo la esencia de la sabiduría de las hadas. El proceso de autocuración no se trata solo de aliviar el malestar, sino de cultivar una relación de por vida con el propio espíritu, cuerpo y emociones. Los practicantes se van con el entendimiento de que su conexión con las hadas no se limita a momentos de ritual; en cambio, es una compañía continua, presente en cada respiración, cada momento de autocuidado y cada acto de bondad hacia sí mismo. Las enseñanzas de las hadas continúan resonando, guiando a los practicantes hacia una vida marcada por el equilibrio, la resiliencia y un profundo respeto por su propio viaje.

# Capítulo 31
# Consagración Final

A medida que el viaje de transformación se acerca a su fin, las hadas preparan a los practicantes para un momento sagrado de consagración, donde todo su aprendizaje, curación y crecimiento se reúnen en un único acto de dedicación. Este ritual de consagración no es meramente ceremonial; es un reconocimiento profundo del lazo forjado entre el practicante y los reinos feéricos, un reconocimiento del camino recorrido y un homenaje a las intenciones que los cargaron. Las hadas guían a los practicantes a crear un espacio sagrado, un umbral donde los mundos tangible y etéreo se encuentran, donde consagrarán los símbolos y objetos que representan su viaje.

En el corazón de este ritual de consagración está la creación de un espacio sagrado dedicado. Las hadas instruyen a los practicantes a elegir un lugar donde sientan una sensación natural de calma y conexión, un local que resuene con la presencia de la naturaleza, ya sea un rincón tranquilo, un jardín o una habitación especial. Ellas guían al practicante a limpiar esa área con elementos que honran la tierra, usando hierbas secas o resinas perfumadas para purificar y santificar el espacio. Los practicantes son alentados a moverse lentamente, permitiendo que el humo o el aroma se esparza por el aire, honrando el espacio e invitando a las energías de protección y apoyo.

En este espacio consagrado, el practicante es entonces guiado a montar un altar de intención. Cada objeto elegido para este altar se torna un recipiente para la memoria y la intención, representando diferentes aspectos del viaje que emprendieron. Las hadas sugieren incluir ítems que tengan significado personal, como cristales, plumas, hojas o piedras que le recuerden al practicante momentos clave, símbolos de protección, curación o transformación. Estos objetos no son solo representaciones del camino recorrido, sino que también actúan como conductores de energía, conectando el ritual y fortaleciendo la conexión entre los reinos. Cada ítem es cuidadosamente colocado con una intención consciente, permitiendo que el altar emerja como un reflejo vivo de las experiencias, esperanzas y crecimiento interior del practicante.

Una vez que el altar está organizado, las hadas guían a los practicantes a iniciar la primera fase de la consagración a través de un ritual de dedicación personal. En este ritual, el practicante es invitado a proferir palabras de dedicación, afirmando sus intenciones y reconociendo el lazo que desarrollaron con las hadas y su práctica espiritual. Las palabras no son preescritas; en vez de eso, las hadas animan a los practicantes a hablar con el corazón, confiando en que la sinceridad cargará la energía de su dedicación. Este acto de dedicación hablada solidifica el compromiso, tejiendo la intención del practicante en la energía del espacio y de los objetos a su alrededor. Cada palabra se torna un hilo, uniendo los símbolos del altar, las energías del ritual y el espíritu del practicante.

En un profundo acto de alineación, las hadas entonces introducen el uso de elementos naturales en la consagración, permitiendo que tierra, agua, fuego y aire bendigan los objetos en el altar. Los practicantes son guiados a colocar un pequeño recipiente de tierra o un cristal representando el poder de conexión a tierra de la tierra, un cuenco de agua para la claridad emocional, una vela para incorporar el poder transformador del fuego y una pluma o humo de incienso para honrar el soplo del aire. Cada elemento es introducido con intención, permitiendo que su energía se infunda en el altar y en cada objeto. A través de estos elementos, los practicantes honran las fuerzas naturales que los acompañaron a lo largo de su viaje, invocándolas para sellar y proteger el espacio sagrado.

El ritual continúa mientras los practicantes entran en un momento de reflexión silenciosa y comunión, guiados por las hadas para conectarse profundamente con las energías presentes. En este silencio, las hadas revelan su presencia sutilmente, a través de una suave sensación de calma, una brisa leve o un calor interior que parece emanar del corazón. Este es un momento para los practicantes para escuchar, recibiendo cualesquiera mensajes finales o impresiones del reino feérico. Las hadas animan a los practicantes a permanecer abiertos, permitiendo que memorias, percepciones o incluso símbolos surjan, honrándolos como un regalo final del viaje. Esta reflexión silenciosa se torna un espacio de integración, donde todo lo que fue aprendido y experimentado puede acomodarse, crear raíces en el espíritu del practicante.

Después de esta comunión, las hadas guían a los practicantes a bendecir y consagrar un objeto o símbolo personal que represente su viaje espiritual. Este objeto, elegido con cuidado, puede ser un cristal, un colgante o un pequeño símbolo de la naturaleza, algo que puede ser mantenido cerca como un recordatorio del viaje sagrado. Sosteniendo este objeto, el practicante es guiado a visualizar las energías del ritual, del altar y de los elementos convergiendo dentro de él, imbuyéndolo con protección, orientación y la sabiduría de las hadas. Esta consagración transforma el objeto en un talismán, un ancla para el crecimiento espiritual del practicante, incorporando el lazo que cultivaron y las lecciones que llevan adelante.

A medida que el ritual se aproxima al final, las hadas introducen un gesto final de liberación y gratitud, invitando al practicante a ofrecer un regalo simbólico de vuelta a la naturaleza. Este regalo puede ser una flor, un puñado de semillas o una pequeña ofrenda natural, dado como un símbolo de respeto y aprecio por las energías y la orientación recibidas. Las hadas animan a los practicantes a enterrar o colocar esta ofrenda al aire libre, en un espacio donde ella se tornará parte de la tierra una vez más. Este acto de retribuir es un gesto quieto y humilde, reconociendo el ciclo de reciprocidad y recordando a los practicantes que ellos son parte de una red de conexión mayor y viva.

En esta consagración final, el practicante entra en un espacio de alineación espiritual y conclusión. El altar, ahora cargado de intenciones y de las energías de los elementos, se torna un punto de referencia sagrado, un lugar de renovación al cual ellos pueden retornar siempre que busquen orientación o fuerza. El objeto personal, ahora consagrado, sirve como un recordatorio tangible de las enseñanzas de las hadas, un símbolo de resiliencia y transformación. Y en su corazón, el practicante carga un profundo sentido de gratitud y paz, sabiendo que su viaje con las hadas es un lazo eterno, que continuará apoyándolos e inspirándolos más allá de las páginas de este libro.

A medida que la consagración final se desenrolla, el ritual invita a los practicantes a ir más allá del altar tangible y hacia las capas más profundas de su propio espíritu, sellando los compromisos, transformaciones y nuevas conexiones en un profundo lazo energético. En este momento, las hadas guían a los practicantes en dirección a un acto final de cierre, una fusión reverente de reinos, donde la esencia de su viaje es honrada con silencio y celebración.

En el corazón de esta conclusión está una ceremonia de gratitud. Las hadas animan a los practicantes a reflexionar sobre el viaje que los condujo hasta aquí, a cada lección, ritual y conexión que se entrelazó en su ser. La gratitud, ellas recuerdan, es una fuerza de pura alquimia, una vibración que armoniza energías y resuena profundamente con el reino feérico. Los practicantes son guiados a proferir palabras de agradecimiento a la tierra, a las hadas y a los elementos naturales que los acompañaron en este camino. A medida que cada palabra es proferida, un reconocimiento silencioso resuena, formando un hilo invisible de unidad entre ellos y las fuerzas invisibles que se tornaron aliadas en espíritu. En esta gratitud, los practicantes se sienten suavizados, recordados de la gracia que fluye de la naturaleza cuando es abordada con reverencia y humildad.

A medida que la ceremonia continúa, los practicantes son guiados a liberar intenciones para el universo, dejando ir resultados específicos y entregando su viaje al flujo natural de la vida. Las hadas les recuerdan que, aunque cada ritual y conexión tenga un propósito, la verdadera alineación espiritual es encontrada al permitir que las cosas se desenrollen orgánicamente. Este acto de liberación, sutil pero poderoso, simboliza una confianza en el viaje que está por venir, una confianza en la sabiduría que ellos ganaron y una confianza en la presencia de las hadas como una fuerza continua e invisible. Los practicantes son alentados a visualizar sus intenciones subiendo como semillas cargadas por un viento suave, confiando en que ellas crearán raíces donde sean más necesarias.

En este espacio de conclusión, los practicantes son guiados a cerrar el ritual con un gesto de conexión a tierra, reconectándose con la tierra. Esta conexión a tierra no es solo física, sino que sirve como un sello energético, anclando la energía del ritual e integrándola totalmente al ser del practicante. Las hadas sugieren un acto simple, como colocar las manos en la tierra, sentir la solidez bajo ellas y permitir que cualquier energía residual fluya hacia el suelo. Esta conexión a tierra les recuerda a los practicantes su lugar en el mundo natural, una conexión tangible con la fuerza vital que sustenta todo y los liga eternamente al reino feérico.

Con esta conexión a tierra, los practicantes entran en un momento de silencio interior y quietud, una invitación para reflexionar sobre el viaje concluido y escuchar, una última vez, las impresiones sutiles de las hadas. Aquí, en esta quietud, está el momento en que la transformación realmente se integra, no en la forma de palabras habladas o rituales activos, sino como un conocimiento silencioso que reside profundamente dentro. En este silencio, los practicantes pueden sentir una sensación de cierre, como si un capítulo invisible hubiera sido pasado. Las hadas son sentidas, no a través de movimiento o sonido, sino como una presencia gentil y duradera, como una brisa suave o una fragancia delicada que perdura mientras ellas se despiden, retrocediendo de vuelta para los pliegues ocultos de la naturaleza.

Este ritual final de consagración también incluye un acto simbólico de renacimiento, un recordatorio de que cada paso a lo largo de este viaje transformó a los practicantes por dentro. Ellos son guiados a respirar profundamente, inhalando la frescura del aire, la esencia de la renovación. En esta respiración, los practicantes son invitados a sentir la claridad de cada lección, la fuerza de cada conexión y la sabiduría que ahora cargan. Con cada exhalación, ellos liberan viejas energías, patrones y miedos, incorporando el crecimiento que abrazaron. Esta respiración, simple pero intencional, simboliza su renacimiento como seres tocados para siempre por el reino feérico, enraizados en la naturaleza, pero abiertos a las maravillas místicas que ella contiene.

A medida que la ceremonia se aproxima al final, los practicantes son llevados a ofrecer una bendición para el futuro, para su camino adelante, para el mundo y para la preservación de los reinos feéricos. Esta bendición es un deseo gentil, una intención sincera que las hadas guardan con cariño, un deseo de armonía entre todos los seres, visibles e invisibles. En esta bendición final, los practicantes reconocen el ciclo de reciprocidad, entendiendo que su conexión con las hadas es un intercambio eterno. Ellos son alentados a mantener esta bendición en sus corazones, a dejarla ser una luz guía y a llevar adelante el espíritu de este viaje en cada encuentro, cada pensamiento y cada acto de bondad que comparten con el mundo.

En los momentos finales, las hadas transmiten un mensaje de apoyo y presencia continuos, una garantía de que, aunque este viaje formal pueda ser concluido, la conexión permanece viva, accesible en el toque suave del viento, en los colores vibrantes del amanecer y en los susurros de los árboles. Este mensaje de despedida es un recordatorio de que los practicantes nunca están solos, que las hadas, ahora compañeras de espíritu, caminarán silenciosamente a su lado, guiando, protegiendo e inspirando por detrás del velo del mundo visible. Y mientras los practicantes dan sus primeros pasos más allá de esta ceremonia, ellos cargan consigo un sentido de unidad, una afinidad con la tierra, una conexión atemporal con el reino feérico y un corazón tocado para siempre por los misterios que residen en el abrazo de la naturaleza.

# Epílogo

Al llegar al final de esta jornada, no estás dejando atrás una historia. En cambio, estás llevando contigo la esencia de este universo de misterios y revelaciones, un legado silencioso y sutil que ahora forma parte de quien eres. Este libro, que comenzó como una simple lectura, se ha transformado en una experiencia, una iniciación silenciosa en el mundo de las hadas y los elementos. Has vislumbrado las fuerzas que mantienen el equilibrio y la armonía en la naturaleza y, ahora, esas fuerzas viven dentro de ti, transformándote, despertándote a la vida con nuevos ojos.

Lo que has aprendido a lo largo de estas páginas no se disuelve con el final de la lectura. Las enseñanzas de las hadas, su conexión con los elementos, ahora resuenan dentro de tu propio ser. Camina con esta sabiduría, permitiendo que cada paso refleje el equilibrio que has encontrado al conectarte con la tierra, el agua, el fuego y el aire. Esta sabiduría no reside en palabras, sino en los sentimientos que han sido despertados, en las percepciones expandidas. Te has convertido en parte de esta danza cósmica de energía, una danza que pulsa en cada hoja, cada gota, cada brisa y cada llama.

Al vivir esta integración, percibes que las hadas son más que meras guardianas; son aliadas espirituales, reflejando el potencial de transformación que todos llevamos dentro. Al honrarlas, también te honras a ti mismo, pues cada elemento refleja las facetas más profundas de tu propio ser. Las hadas de la tierra te recuerdan tu resiliencia y estabilidad; las hadas del agua, la fluidez y adaptabilidad dentro de ti; las hadas del fuego, tu pasión e impulso para crear y transformar; y las hadas del aire, tu libertad y capacidad de ver más allá de lo inmediato.

Este libro te ha mostrado que conectarse con la naturaleza es más que observación, es un compromiso, un modo de vida en sintonía con el ritmo universal. Ahora, te corresponde a ti nutrir este lazo, mantenerte sintonizado con las energías a tu alrededor, entender que todo está interconectado y que cada pensamiento, cada acción, puede reverberar en el cosmos. Que continúes cultivando este respeto por lo invisible, pues no es solo mágico, sino esencial para la armonía del mundo en que vivimos.

Este final es meramente un nuevo comienzo, pues la verdadera magia de lo aprendido reside en la práctica diaria, en la disposición de ver la belleza y el misterio en lo ordinario. Que continúes esta jornada con el corazón abierto, con el alma dispuesta a abrazar lo extraordinario dentro de lo simple. Las hadas siempre estarán presentes, en los pequeños detalles, en los momentos de quietud, recordándote que el mundo es mucho más vasto y profundo de lo que nuestros sentidos pueden capturar.

Ahora, cada experiencia, cada desafío, puede ser visto como parte de este ciclo eterno de crecimiento y renovación. En tu interior, llevas la certeza de que formas parte de algo grandioso y armonioso. Entonces, al cerrar este libro, recuerda que la verdadera esencia de la magia es la conexión con la propia vida y que el encanto del mundo de las hadas no termina aquí, se extiende a cada elección, cada nuevo descubrimiento, cada respiración. Y que esta danza entre tú y el universo continúe, para siempre, en perfecta y misteriosa armonía.

www.ingramcontent.com/pod-product-compliance
Lightning Source LLC
LaVergne TN
LVHW040041080526
838202LV00045B/3429